KB248693

어둠 속에서
In the Darkness

윤종수 성서 명상 시선

어둠 속에서 In the Darkness

2018년 11월 26일 초판 1쇄 인쇄
2018년 11월 30일 초판 1쇄 발행

지 은 이 | 윤종수
펴 낸 이 | 김영호
펴 낸 곳 | 도서출판 동연
등   록 | 제1-1383호(1992. 6. 12)
주   소 | 서울시 마포구 월드컵로 163-3
전   화 | (02)335-2630
전   송 | (02)335-2640
이 메 일 | yh4321@gmail.com

ISBN 978-89-6447-455-6   03230
ISBN 978-89-6447-450-1   03230 (세트)

윤종수 성서 명상 시선

어둠 속에서
In the Darkness

동연

어둠의 시대 속에서

희망의 기도를 드리는 사람들.

그들이 세상의 빛이다.

그들을 통해서

역사는 일어날 것이고

마침내 새벽은

찾아오게 될 것이다.

차례

1장

다시 시작한다

죽음을 이긴다

4장

고난의 노래

5장

함께 가자

프롤로그(Prologue)

그리움이 없다면
인간이 아니다.
마음의 움직임이 없는데
그게 무슨 사람이겠는가?

목표가 없다면
삶이 아니다.
무엇을 위해
하루를 살아가고 있는가?

의미가 없다면
날마다 무덤이다.
더 이상 죽을
가치도 없는 것.

살았다 하는 것도
숨만 붙어있는 것이니
모든 것이
연명에 불과하다.

연명도 해야 한다면
어쩔 수 없는 것이지만
적어도 나에게는

그런 삶이란 없다.

노래를 부르는
거룩한 순례를 위해
하루를 먹고
하루를 걸어간다.

일어남이 기쁨이 되고
생각이 꿈이 되어
여기 하루의 멋진
수를 놓기 위해서다.

자리에 앉아
영혼의 바늘을 들어
정성스레 작업을 한다.
그의 곁에서…

1 장

다시 시작한다

1. 마음의 감동

날마다 새로 시작한다.
그들로 하여금
무너진 성전을
건축하게 한다.

내가 지금
여기에 있는 것은
바로 그것을
이루어내기 위함인 것.

내 한 목숨을 바쳐
그 뜻을 이루어야 한다.
그것만은 하고
하늘로 돌아가야 한다.

날마다 다리를
건너가야 한다.
그 다리만 건너면
새로운 세계가 시작되니

내가 먼저
건너가야 한다.

묵묵히 걸음을 옮겨
그 나라로 들어가야 한다.

뜻을 세우고
목표를 정하면
하늘의 여정을 향한
거룩한 발걸음이 시작된다.

날마다 그 일을 반복하면
언젠가 완성이 될 것이니
그때까지는
버텨내야 한다.

그것을 위해 오늘
숨을 쉬어야 한다.
다 되었다고 마침표를 찍기까지
그 걸음을 멈추지 않아야 한다.

바사 왕 고레스 원년에 여호와께서 예레미야의 입을 통하여
하신 말씀을 이루게 하시려고 바사 왕 고레스의 마음을 감동
시키시매 그가 온 나라에 공포도 하고 조서도 내려 이르되.
Ezra 1:1

2. 여호와의 집

아무것도 보이지 않는다.
처음부터 있었던
그 짙은 어둠이
나를 내리누르고 있다.

실체가 없다.
보여야 칼을 휘두를 수 있는데
아무것도 보이지 않으니
어디를 내리치겠는가?

아무런 희망도 없다.
아무런 의지도 없다.
절망의 자리에 누워
죽을 날만 기다린다.

그러나 어디에서나
기도는 드릴 수 있다.
지금은 그저 내 자리에서
기도를 드릴 수 있을 뿐.

먼저 성전을
세우는 것이다.

나의 하늘 앞에
소원을 아뢰는 것이다.

하늘의 문을
두드리는 것이다.
어둠 속에서
향을 피우는 것이다.

그것은 할 수 있지 않는가?
지금 할 수 있는 최상의 것.
무엇보다 무릎을 꿇지 않는
깨어있는 정신이 필요하다.

어둠을 뚫고 일어나야 한다.
소리를 질러야 한다.
어둠이 나를 누르지 못하도록
살아있는 진리를 붙잡아야 한다.

이에 유다와 베냐민 족장들과 제사장들과 레위사람들과 그 마음이 하나님께 감동을 받고 올라가서 예루살렘에 여호와의 성전을 건축하고자 하는 자가 다 일어나니. Ezra 1:5

3. 기쁘게

날마다 이슬은
마음에 내려야 한다.
결정으로 모이지 않으면
대기 중에 떠돌게 되는 것.

날마다 마음에서
태양이 떠올라야 한다.
자리에서 일어나
기다려야 한다.

날마다 바람은
하늘로 올라야 한다.
그래서 그는
하늘로 올라갔던가?

날마다 자리에 앉아야 한다.
그리고 노래를 불러야 한다.
부르지 않으면 잊혀지는 것.
흐르는 계시를 붙잡아야 한다.

기쁨으로
마음을 다해

앞을 바라보며
주어진 길을 걸어야 한다.

내 자신을 드려
보이지 않는 성전을 세워야 한다.
거기에 들어가
그를 만나야 한다.

어둠 속에 있어야
어둠을 볼 수가 있다.
그와 하나가 되어야
빛을 준비할 수 있다.

길을 걷고
노래를 부르며
벽돌을 쌓아올린다.
가장 거룩한 성전을 짓는다.

그 사면 사람들이 은그릇과 금과 물품들과 짐승과 보물로 돕
고 그 외에도 예물을 기쁘게 드렸더라. Ezra 1:6

4. 귀환

그대를 환영한다.
지금까지 그대를 기다려왔다.
아무것도 보이지 않았던
어둠의 세월 속에서…

거기에서 그대는
이렇게 살아남았다.
오랜 굴종의
시간들을 지나왔다.

가장 용기있는 자.
불굴의 의지로
마지막 때를
견디어 낸 자.

고난의 세월에
눈을 감지 않고
항상 깨어 일어나
새벽을 바라보았던 자.

하늘의 역사에
그 이름이 기록된 자.

그대에게 승리의
영광을 주리라.

그때에 그 눈에서
눈물이 그치고
마음에 서린
한이 풀리게 되리라.

그리고 그와 함께
생명의 노래를 부르게 되리라.
그때 하늘에서
천사들의 합창이 연주되리라.

그때에 나,
거기에 있으리라.
온 피조물과 함께
하늘의 노래를 부르리라.

옛적에 바벨론 왕 느부갓네살에게 사로잡혀 바벨론으로 갔던
자들의 자손들 중에서 놓임을 받고 예루살렘과 유다 도로 돌
아와 각기 각자의 성읍으로 돌아간 자. Ezra 2:1

5. 노래하는 자

아무것도 보이지 않는
어둠의 땅에서
그 어디에서나
노래를 부를 수 있다.

우리가 노래를 부르면
그 노래는 현실이 된다.
누구도 그 노래를
멈추게 할 수 없다.

하여 노래는 선택이 아니라
우리의 의무가 된다.
노래를 멈추는 것은
직무를 버리는 것이다.

아무나 노래를 부를 수 없다.
하늘의 노래를 들은 자.
그 노래를 잊지 않기 위해
날마다 마음에 간직한 자.

그들에 의해
그 노래는 기억이 된다.

그들과 함께
세상의 희망은 살아남는다.

그들이 노래를 부르면
하늘까지 기도가 올라가고
그들이 노래를 그치면
그때부터 어둠이 시작된다.

노래를 멈추는 것은
어둠에 먹히는 것이다.
절망이 스멀스멀
가슴에 들어앉는다.

그러니 우리가 어찌
노래를 멈출 수 있겠는가?
어찌 하늘의 뜻을 버리고
욕망의 바람을 따르겠는가?

노래하는 자들은 아삽 자손이 백이십팔 명이요. Ezra 2:41

6. 기초

매일 마음을 다잡아
새로 시작해야 한다.
어둠 속에서 생명의
기초를 놓아야 한다.

하늘의 말씀을
얻어야 한다.
말씀의 진리 위에
든든히 서야 한다.

날마다 새로운 말씀을
가슴에 받아야 한다.
마음의 그릇 속에
말씀이 흘러야 한다.

매일 밥을 짓는 것처럼
말씀의 밥을 지어야 한다.
하늘의 양식을
먹어야 한다.

믿는다는 것은
맹목이 아니라

통찰의 깊이에서
깨달음을 얻는 것이다.

생각하지 않고
고뇌하지 않고
하늘이 열린 적이
역사에 있었던가?

가볍게 앉아
물위에 떠야 한다.
모든 것을 벗고
하늘에 올라야 한다.

그 위에 기초를 놓아야 한다.
우상에 구걸하는 것이 아닌
자유의 옷을 입고
바람을 타야 한다.

건축자가 여호와의 성전에 기초를 놓을 때에 제사장들은 예복
을 입고 나팔을 들고 아삽 자손 레위 사람들은 제금을 들고 서
서 이스라엘 왕 다윗의 규례대로 여호와를 찬송하되. Ezra 3:10

7. 대성통곡

우상의 성전은
무너져야 하고
환상의 성전은
사라져야 한다.

영원한 진리의
성전을 세워야 하고
자신을 갈고 닦는
길을 걸어야 한다.

무너지는 것을
아쉬워하지 말고
사라지는 것에
슬퍼하지 말라.

화려한 성전을 위해
울지 말고
너 자신을 위해
통곡하며 울라.

성전 아닌 것이
어디에 있으며

신성 없는 것이
어디에 있느냐?

고난의 역사에
몸으로 들어가
부활의 성전을
세워야 하느니

온 피조물이
함께 찬양하는
생명의 합창을
만들어야 한다.

그 소리를 들어야 하고
그 소리를 살려야 한다.
성전이 초라하다고 울지 말고
너 자신의 초라함을 위해 울라.

제사장들과 레위 사람들과 나이 많은 족장들은 첫 성전을 보
았으므로 이제 이 성전의 기초가 놓임을 보고 대성통곡하였으
나 여러 사람은 기쁨으로 크게 함성을 지르니. Ezra 3:12

8. 방해

죽음을 이기지 않은
승리는 없고
고난 없는
부활은 없다.

정상에 오르려면
산을 올라야 하고
바람을 맞으려면
땀을 흘려야 한다.

통찰을 얻으려면
고뇌를 겪어야 하고
감동을 받으려면
고통을 이겨야 한다.

그것이 승자의 저주이다.
한계를 넘어보지 않은 초월.
노동해서 얻지 않은 재물.
욕심으로 올라가는 자리.

그것을 거절할 수 있겠는가?
받을 수 없다고

그릇이 못된다고
산을 보아야 한다.

초막에 앉아
생수를 마시며
하늘을 바라보고
기도를 드려야 한다.

감당할 수 없는
축복은 돌이키고
분수에 넘는 자리에선
내려와야 한다.

그것은 아주 당연한 것이니
시련과 어려움을 이겨내야 한다.
날마다 하루의
길을 걸어야 한다.

이로부터 그 땅 백성이 유다 백성의 손을 약하게 하여 그 건축
을 방해하되. Ezra 4:4

9. 봉헌

너희들은 알지 못한다.
자기의 땅에 서서
진리의 하나님을
예배하는 기쁨을.

두 손을 들고
거룩한 무릎을 꿇고
하늘의 하나님께
기도드리는 자유를.

그들은 그것마저
허락하지 않았다.
약자의 백성들은
강자의 신을 섬겨야 했다.

너희의 하나님은 어디 있느냐?
그가 너희를 구원하고
너희가 살아가는 땅을
지켜줄 수 없었더냐?

우리는 아무런
할 말이 없었다.

우리는 우리의 신을 위해
전쟁에 져서는 안 되었다.

이제 다시 시작해야 한다.
우리가 서 있는 땅에서
우리의 노래를 부르고
기도를 드려야 한다.

우리의 자녀들에게
그 노래를 전수해야 한다.
적어도 우리는
그럴 권리는 가지고 있다.

우리의 몸을 드려
하늘의 성전을 세워야 한다.
그리고 거기에서
꺼지지 않는 불을 올려야 한다.

이스라엘 자손과 제사장들과 레위 사람들과 사로잡혔던 자의
자손이 즐거이 하나님의 성전 봉헌식을 행하니. Ezra 6:16

10. 에스라

마음에 가득한 것이
입으로 나온다면
우리의 마음에
무엇을 채워야 하겠느냐?

말씀에서 태어나
하늘로 돌아가니
말씀의 밥을 먹고
진리의 길을 걸어간다.

말씀을 사모하고
말씀을 생각하며
말씀을 명상하고
말씀을 노래한다.

입을 열면
말씀이 나오고
눈을 감으면
말씀이 내려온다.

살아도 말씀이요
죽어도 말씀이며

깨어도 말씀이요
잠들어도 말씀이다.

입에서는 말씀이 그치지 않고
머리에선 말씀이 집을 짓는다.
말씀이 나의 밥이고
말씀이 나의 기도이다.

말씀을 읽으면
하늘이 열리고
말씀을 생각하면
계시가 내려온다.

그러니 어찌 말씀을 떠나
내가 세상으로 내려가겠는가?
어찌 말씀을 버리고
땅 속에 묻히겠는가?

이 에스라가 바벨론에서 올라왔으니 그는 이스라엘의 하나님
여호와께서 주신 모세의 율법에 익숙한 학자로서 그의 하나님
여호와의 도우심을 입음으로 왕에게 구하는 것은 다 받는 자
이더니. Ezra 7:6

11. 결심

거기에 희망이 있었다.
내 자리에 앉아
하늘을 바라보는 것.
매일 한 줌의 기도를 드리는 것.

하늘을 바라보면
계시가 내려왔다.
노래를 부르면
하늘이 움직였다.

진리가 아니라면
호흡이 무엇이며
하루의 밥을 먹음이
무슨 필요가 있는가?

하루를 살아가며
삶의 발자국을
세상에 남기는 것이
무슨 가치가 있겠는가?

어찌해서 세상에 던져졌으니
구차한 목숨을 유지하는 것인가?

무엇을 바라보며
하루의 길을 걷고 있는가?

다만 내 자리에서
주어진 노래를 부른다.
순간의 형상을 잡아
하늘의 그림을 그린다.

듣는 자는 알 것이고
보는 자는 깨달을 것이다.
걷는 자는 오를 것이고
오른 자는 하늘을 얻게 될 것이다.

그렇지 않을지라도
그것은 그의 삶이고
나는 나의 삶을 살아가는 것.
한 알의 진주를 세상에 남기는 것이다.

에스라가 여호와의 율법을 연구하여 준행하며 율례와 규례를
이스라엘에게 가르치기로 결심하였었더라. Ezra 7:10

12. 뜻이 있는 자

어둠 속에 있다.
어둠을 사랑한다.
무엇이든 할 수 있고
무엇이든 하지 않을 수 있다.

그 속에 들어가
그와 하나가 된다.
원래 그 속에서 왔고
거기에서 시작하였다.

뜻을 세워야 한다.
어디로 올라갈 것인가?
무엇을 위해 하루를
살아갈 것인가?

무에서 시작하여
무로 돌아간다.
영점과 영겁.
그것은 하나였다.

너희는 거기에서 시작하라.
나는 여기에서 시작하겠노라.

너희는 거기에서 살아가라.
나는 여기에서 살아가겠노라.

매일 신성을 만나는
거룩한 자리.
날마다 거기에 올라
보이지 않는 성전을 세운다.

뜻을 세우는 곳에
길이 열리고
의지를 가진 곳에
하늘이 열리는 것.

새 날이 시작된다.
나와 함께 가자.
내 안에 거하라.
언제나 새 날일 것이니…

조서를 내리노니 우리나라에 있는 이스라엘 백성과 그들 제사
장들과 레위 사람들 중에 예루살렘으로 올라갈 뜻이 있는 자
는 누구든지 너와 함께 갈지어다. Ezra 7:13

13. 성심으로

마음을 모은다.
마음을 드리지 않으면
어떤 역사도
일어날 수가 없다.

물결만 흔들릴 뿐.
깊은 곳은 그대로다.
바람만 불고 흩어져
표피에 흔적만 남긴다.

눈을 바라보고
그 눈에 비친
자신을 바라보라.
전 존재로 상대를 대하라.

그 안에 들어가
그에게 녹아져야 한다.
그와 하나가 되어
마음을 주어야 한다.

마음을 주지 않고
일어난 일이 없으며

몸만 왔다 가는 것으로
마음은 움직이지 않는다.

그것도 하나의 상처인 것이고
헛웃음만 남게 되는 것.
겉으로 후회하지 말고
삶으로 후회하라.

마음을 잡으라.
마음을 살피라.
마음을 지키라.
생명의 근원이 이에서 남이니…

오늘도 자리에 앉아
마음을 바라본다.
마음의 집을 짓고
세상의 집을 허문다.

14. 섬길 자

어둠 속에서
역사를 직시하며
절망을 뛰어 넘어
희망을 바라보는 자.

날마다 자기의 자리에서
성소를 세우며
거기에 홀로 앉아
생명의 기도를 드리는 자.

끊임없이 계속해서
말씀의 삽을 들어
영성의 강물을 퍼 올리며
메마른 땅을 적시어 내는 자.

절망 속에서
소원의 고개를 들어
회색 하늘을 바라보며
영혼의 노래를 부르는 자.

날마다 무릎을 꿇고
순결한 마음을 드려

꺼지지 않는
향을 올리는 자.

순간의 계시를 간직하며
침묵의 입을 열어
사랑의 시를
적어가는 자.

일상이 순례가 되고
삶이 수행이 되어
주어진 자리에서
꽃을 피우는 자.

이 일에 목숨을 걸고
그 일에 삶을 바쳐
마지막 날까지
승리를 얻어 내는 자.

우리 하나님의 성전을 위하여 섬길 자를 데리고 오라 하였더
니. Ezra 8:17

15. 하나님 앞에서

당신 앞에 나아가
나를 내려놓습니다.
매일 내려놓아도
남아있는 끈질긴 뿌리.

내 자리에 앉아
마음을 살핍니다.
마음속에서 솟아오르는
살아있는 욕망.

하늘의 호수에 올라
나 자신을 비춰봅니다.
억누른 감정의 덩어리가
거기에 있습니다.

당신의 눈동자에 비친
나의 모습은 어떠할까요?
그토록 하늘에 올랐건만
나는 아직 여기에 있습니다.

당신의 대접에 담긴 나의 기도에는
무엇이 들어 있을까요?

살아 꿈틀거리는 벌레들이
거기에 있습니다.

오늘 내뱉은 나의 말은
어떤 일들을 일으킬까요?
나는 사람이 아니요
벌레에 불과합니다.

오늘 내가 부르는 노래는
어떤 메아리를 가져올까요?
잔잔하지만 깊은 여운을
남기고 싶습니다.

그리하여 언제까지 마음에 남는
영성의 순례자가 되고 싶습니다.
거기에 한 겸비한 사람이 있었으며
그는 언제나 하늘 앞에 머리를 숙였다고…

그 때에 내가 아하와 강가에서 금식을 선포하고 우리 하나님
앞에서 스스로 겸비하여 우리와 우리 어린 아이와 모든 소유
를 위하여 평탄한 길을 그에게 간구하였으니. Ezra 8:21

16. 가증한 일

하늘의 뜻을 모르고
어리석은 짓을 하고 있다.
하늘 두려운 줄 모르고
오만하게 앉아 있다.

자기가 하는 일이
무엇인지도 모르고
눈을 치켜뜨며
고개를 들고 있다.

어찌 부끄러운 줄도 모르고
하늘 앞에 죄를 가리는가?
거룩한 땅위에
오명을 남기는가?

네가 밟는 곳은
하늘의 발등상이고
네가 앉는 곳은
하늘의 거처이니…

걷는다고 길이 아니요
먹는다고 밥이 아닐진대

앉지 않을 자리에 앉아
뭉그적대고 있다.

이보다 더 악할 수는 없고
이보다 더 천할 수는 없다.
분수를 모르고
날뛰는 것들.

이보다 더 더러울 수 없고
이보다 더 무능할 수 없다.
차라리 태어나지 않는 것이
좋았던 것들.

더 이상 기도하지 말고
더 이상 연명하지 말라.
더 이상 추태를 부리지 말고
그냥 앉은 자리에서 내려오라.

이 일 후에 방백들이 내게 나아와 이르되 이스라엘 백성과 제
사장들과 레위 사람들이 이 땅 백성들에게서 떠나지 아니하고
가나안 사람들과 헷 사람들과 브리스 사람들과 여부스 사람들
과 암몬 사람들과 모압 사람들과 애굽 사람들과 아모리 사람
들의 가증한 일을 행하여. Ezra 9:1

17. 박힌 못

그곳에 든든히 있고 싶다.
성전에 박힌 못.
성전을 받치는 못.
성전을 연결하는 못.

나로 인해
웃음이 일어나고
나의 작은 기도로
생명이 힘을 얻는다면

마지막 날까지
내 호흡을 바쳐
피를 흘리고 싶다.
그와 함께 있고 싶다.

그것이 여기에서
살아가는 목적이고
그것이 아직까지
나를 살리신 뜻일 게다.

모든 삶이
한낱 바람과 같고

모든 영화가
잠시 동안이다.

하늘에 흐르는 유성이고
아침에 사라지는 이슬이다.
그 안에 영원의 노래가 없다면
모두가 헛된 몸부림일 뿐.

내가 하늘을 알고
하늘이 나를 아는데
세상에서 그렇게
살아갈 수는 없다.

그가 나를 위해 자신을 버렸고
내가 그를 따라 걸어왔는데
다시 세상으로 나가
몸을 섞을 수는 없다.

18. 울타리

나는 하늘 안에 있다.
그와 하나가 되니
그가 나의 울타리가 된다.
아무도 나를 범할 수가 없다.

나는 하늘을 두르고 있다.
가장 멋진 옷.
무엇을 더 바라겠는가?
이보다 더 좋을 순 없다.

그가 나를
품에 안고 있다.
그와 하나가 되니
내가 우주의 울타리가 된다.

내가 그를 지켜야 한다.
그는 나를 바라보고 있다.
아무도 그를 지켜주지 않는다.
모두 자기 목구멍만 생각하고 있다.

사람들은 그를 발로 밟고 있다.
그의 숨구멍을 막고

그의 피부에
쓰레기를 덮고 있다.

입속에 술을 부어대며
코로 독을 빠는 존재는
인간이란 동물밖에 없다.
어리석음의 극치이다.

넘지 말아야 할
울타리도 모르고
기필코 넘어야 할
경계선도 모른다.

자기가 할 일도 모르고
하지 않아야 할 일도 알지 못하니
모르는 것 속에서
멸망해간다.

우리가 비록 노예가 되었사오나 우리 하나님이 우리를 그 종
살이하는 중에 버려두지 아니하시고 바사 왕들 앞에서 우리가
불쌍히 여김을 입고 소생하여 우리 하나님의 성전을 세우게
하시며 그 무너진 것을 수리하게 하시며 유다와 예루살렘에서
우리에게 울타리를 주셨나이다. Ezra 9:9

19. 끊어버리라

끊어야 한다.
질기디 질긴
육신의 정을 끊고
하늘로 들어가야 한다.

불에 살라야 한다.
불에 태운 재를
바람에 날려야 한다.
다시는 돌아오지 않아야 한다.

땅에 묻어야 한다.
썩어야 한다.
죽어야 한다.
생명의 거름이 되어야 한다.

나는 죽고
그가 살아
나의 무덤에
꽃을 피워야 한다.

다시 태어나야 한다.
날마다 하늘에 올라

그와 함께
거해야 한다.

그가 내 안에
내가 그 안에
그와 내가
하나 되어야 한다.

그 외의 모든 것은
날려 버려야 한다.
날마다 나를 벗고
그를 입어야 한다.

내 자리에 앉아
영겁에 들어야 한다.
신성과 하나가 되어
빛이 흘러나와야 한다.

이제 조상들의 하나님 앞에서 죄를 자복하고 그의 뜻대로 행
하여 그 지방 사람들과 이방 여인을 끊어 버리라 하니. Ezra
10:11

2 장

다시 세운다

20. 느헤미야

어떻게든지
살아야 했다.
광야 길을 걸으며
하늘을 바라보았다.

그들을 인도할
강한 신이 필요했다.
살기 아니면 죽기이고
먹기 아니면 먹히기였다.

그들은 날랜 말을 타고
강한 활을 쏘며
이곳으로 쳐들어왔다.
나의 신을 섬기라.

복종하는 자는
살게 해주고
저항하는 자는
목을 잘랐다.

그들 편에 붙는 자는
간신히 살아남았고

반항하는 자는
씨를 말렸다.

농사를 짓는 자는
흰옷을 입었다.
평화를 추구하는 자들은
전쟁에 이길 수 없었다.

그들은 자연과
함께 살아야 했다.
땅을 경작하고
소출을 거둬야 했다.

광야가 평야를 이겼다.
광야의 신이 평야를 점령했다.
우리는 그들의 신을 섬기며
슬픔의 노래를 불렀다.

---

21. 내 마음에

깊은 밤에 깨어있는 자는
마음의 소원이 있다.
그냥 잠이 들어
역사를 잊을 수 없다.

하늘을 향해
기도를 드리는 자는
역사를 일으킬 수가 있다.
모든 것을 거기에 바칠 수 있다.

마지막까지 기다리는 자가
역사의 결말을 볼 수 있다.
그는 눈을 감을 수가 없다.
다시 일어서 길을 걷는다.

걷고 걷다보면 언젠가
목적지에 도착하게 되겠지.
눈을 뜨고 있으면 언젠가
뜨거운 태양이 떠오를 것이다.

온 누리를 비치는 햇살은
영혼을 일으킨다.

하루를 살더라도
저렇게 살아야 한다.

밤이 깊다는 것은
아침이 가까웠다는 것이다.
조금만 견디어 내면
역사가 일어날 것이다.

우리는 희망으로
하루를 살아간다.
세상을 살아가면서
그것으로 웃을 수 있다.

뜻을 세우고 길을 걷다보면
언젠가 마지막이 나타날 것이다.
그렇게 우리는 또 다른
하루를 기다리는 것이다.

내 하나님께서 예루살렘을 위해 무엇을 할 것인지 내 마음에
주신 것을 내가 아무에게도 말하지 아니하고 밤에 일어나 몇
몇 사람과 함께 나갈새 내가 탄 짐승 외에는 다른 짐승이 없더
라. Nehemiah 2:12

22. 분문

똥은 거룩하다.
자기를 다 주고
썩어져 내려가는
생명의 죽음.

똥은 싸는 것이 아니라
낳는 것이다.
구렁이 같이 잘생긴 놈을 낳으면
하늘조차 시원해진다.

똥을 보면
마음을 알 수가 있다.
쳐 먹은 사람의 똥은 독하고
잡수신 분의 똥은 구수하다.

적당하게
최소한의 생명을
감사함으로
먹어야 한다.

분문이 더러운가?
거기를 지나면서 코를 막는가?

분문이 닫히면
너도 죽어야 한다.

분문이 열리면
아무 때나 흐르게 된다.
자기의 똥을
자기가 먹는 것이다.

똥으로 거룩하게 되고
똥으로 부정하게 되니
똥이 우리를 통해
생명으로 흐른다.

아무도 가지 않는 그 문으로
그를 따라 걸어간다.
세상의 똥을 지고
내가 그리로 지나간다.

그 밤에 골짜기 문으로 나가서 용정으로 분문에 이르는 동
안에 보니 예루살렘 성벽이 다 무너졌고 성문은 불탔더라.
Nehemiah 2:13

23. 샘문

샘의 문으로
샘물이 흐른다.
그의 뱃속에서
생수가 흐른다.

하늘의 강물에
내가 들어간다.
그의 성수에
마음이 씻긴다.

날마다 씻어야 한다.
하루라도 씻지 않으면
잠자리에 들 수 없고
잠을 이룰 수가 없다.

그것이 나의 일이다.
하늘이 매일
세상을 씻으니
나도 씻는 것이다.

그 문으로 들어가
생수를 길어 올린다.

영혼의 창고에서
새것과 옛것을 꺼낸다.

내가 문이니
나를 통해서
들고 나는 자는
구원의 길을 걸으리라.

넓다고 좋아하지 말고
좁다고 불평하지 말라.
힘들다 포기하지 말고
걷다가 넘어지지 말라.

주어진 길을 올곧게 걷다보면
어느 날 하늘에 이르게 되리니
그를 따라 그와 함께
생명의 길을 걸어간다.

앞으로 나아가 샘문과 왕의 못에 이르러서는 탄 짐승이 지나
갈 곳이 없는지라. Nehemiah 2:14

24. 양문

양의 문으로 들어간다.
세상의 죄를 지고
내가 죽어야
너희가 산다.

혼자 죽으면
개죽음이 되지만
같이 죽으면
혁명이 된다.

나를 위해 죽으면
자살이 되지만
너희를 위해 죽으면
순교가 된다.

언젠가 한 번은
누구나 죽을 것인데
그것이 두려워
기어가고 있다.

죽음 앞에 당당하면
하늘 앞에 떳떳하다.

누가 감히 이 죽음을
정죄할 수 있겠는가?

하여 오늘은
죽음의 찬가를 부른다.
날마다 죽고 사는
진리의 노래를 부른다.

그와 함께
그 문으로 들어간다.
하늘의 뜻을 따라
순명의 길을 간다.

이 문으로 들어가면
어디가 나오는가?
양의 문을 지나
영원의 길을 간다.

그 때에 대제사장 엘리아십이 그의 형제 제사장들과 함께 일
어나 양문을 건축하여 성별하고 문짝을 달고 또 성벽을 건
축하여 함메아 망대에서부터 하나넬 망대까지 성별하였고.
Nehemiah 3:1

25. 어문

죽어있는 고기는
물을 따라 떠내려가지만
살아있는 고기는
물을 차고 올라간다.

생수를 먹고
살아가는 고기는
마침내 용이 되어
하늘로 올라간다.

땅에서는
사자가 왕이지만
물속에서는
고기가 왕이다.

끝을 알 수 없는
깊은 곳에 고요히
침잠하여 머물면서
움직이지 않는다.

드디어 때가 되면
집채를 삼키고

파도를 몰아치니
그 앞에 설 자가 누구인가?

살아있는 것은
모두 이와 같으니
그는 세상을 거슬러
하늘의 뜻을 따른다.

생명의 고기는
생명의 표적이다.
끈질긴 생명으로
하늘의 뜻을 이룬다.

바다의 물고기는
바다가 집이지만
우주의 물고기는
우주가 집이 된다.

어문은 하스니아의 자손들이 건축하여 그 들보를 얹고 문짝을
달고 자물쇠와 빗장을 갖추었고. Nehemiah 3:3

26. 옛 문

오래된 생명의 문.
그 문을 넘어서면
어떤 세계가
기다리고 있을까?

새로운 세계로
들어가는 신비.
나는 날마다
그 문으로 들어간다.

거기에 들어가
하늘의 노래를 부른다.
이렇게 들어가고 들어가면
마침내 하늘이 나올까?

오랜 사람들의
숨과 원이 서려있는
그 문을 바라본다.
그들의 기도가 있다.

소원이 있는 사람은
긴 숨을 쉬게 된다.

그들은 저 문을 넘어
어디로 가고 있을까?

문을 달면
길이 된다.
노래를 부르면
하늘이 열린다.

태초의 그 문에서
진리가 흐른다.
저 문을 넘으면
하늘로 통하겠지.

오랜 문으로 들어가
마지막 문을 넘는다.
문을 넘으면 언제나
새로운 세계가 있다.

옛 문은 바세아의 아들 요야다와 브소드야의 아들 므술람이
중수하여 그 들보를 얹고 문짝을 달고 자물쇠와 빗장을 갖추
었고. Nehemiah 3:6

27. 골짜기 문

골짜기로 내려간다.
더 이상 내려갈 수 없는
세상의 가장 낮은 곳.
거기에서 그를 만난다.

올라갈 때가 있으면
내려갈 때가 있다.
낮은 데로 내려가면
올려질 때가 있다.

이것이 그의 뜻이고
거기에서 그를 만난다면
매일 그를 따라
내려가야 한다.

가장 낮은 그곳에
은혜가 넘친다면
그 무엇이 두렵겠는가?
무슨 여한이 남아있겠는가?

그가 거기에 계시니
그곳으로 나아간다.

그와 함께라면
어떤 후회도 없다.

그를 혼자 둘 수 없다.
내가 그 옆에 있어야 한다.
그의 고난을
함께 나누어야 한다.

골짜기를 내려가
그 문으로 들어간다.
날마다 그곳에서
나를 내려놓는다.

무엇을 더 하려고
남은 삶을 살아가는가?
무엇을 더 세우려고
마음을 졸이고 있는가?

골짜기 문은 하눈과 사노아 주민이 중수하여 문을 세우며 문
짝을 달고 자물쇠와 빗장을 갖추고. Nehemiah 3:13

28. 마문

광야를 달린다.
아무도 없는 길을
그와 하나가 되어
어둠 속을 뚫고 간다.

내가 그 위에
그가 내 위에
분별이 없고
다름이 없는 곳.

거기에선 오직
하늘만 바라본다.
달리고 달려 마침내
끝에 이르게 된다.

내 의식은
빛의 속도로
하늘에 닿는다.
생각은 막힘이 없다.

자신과의 싸움에서
생각의 속도로

빨리 가는 자가
세상을 정복한다.

이 기상으로
미래를 달린다.
이 기백으로
죄악을 밟는다.

세계를 향해 달린다.
그와 함께
어둠의 세상을 뚫고
마침내 목표에 이르게 된다.

그때 처음 세상처럼
그렇게 달려야 한다.
원시의 자연 속에서
하늘에 닿아야 한다.

마문 위로부터는 제사장들이 각각 자기 집과 마주 대한 부분
을 중수하였고. Nehemiah 3:28

29. 연결

자기의 자리에서
최선을 다하면 된다.
그것이 우리가 연결되는
최상의 길이다.

자기의 자리에서
기도를 드리면 된다.
그러면 합력해서
선을 이룰 것이다.

아무 일도 하지 않고
먹으려는 것이 문제이다.
자기가 심은 대로
자기가 거두는 것이다.

같이 할 수 있을 때는
같이 하면 되는 것이고
같이 할 수 없을 때는
거기까지 하면 된다.

할 수 있는 한
손을 잡으면 된다.

너는 너의 길이 있고
나는 나의 길이 있으니

다름만 있고
틀림은 없다.
인정만 있고
비난은 없다.

그렇게 하늘 아래에서
자기의 길을 가는 것이다.
너를 마음에 품고
눈을 바라보는 것이다.

우리가 함께할 때
하늘도 함께할 것이다.
하늘이 우리와 함께한다면
누가 우리를 넘볼 수 있겠느냐?

이에 우리가 성을 건축하여 전부가 연결되고 높이가 절반
에 이르렀으니 이는 백성이 마음 들여 일을 하였음이니라.
Nehemiah 4:6

30. 붙잡으라

순간 마음을 놓으면
나락으로 떨어진다.
나 자신을 바라보며
그곳에 있다.

마음을 움켜잡고
자세를 바로잡아
내가 거해야 할 곳,
그곳으로 나아간다.

너는 지금
어디에 있는가?
무엇을 구하며
하루를 살아가는가?

비교심에 휘둘려
인정심을 바라며
자만심에 젖어서
편안심에 앉아있다.

정신이 살아야 한다.
하늘에 올라야 한다.

물끄러미 관조하며
웃음을 지어야 한다.

어떤 자는 검불을 붙잡으며
어떤 자는 욕망을 움켜쥔다.
그것이 그의 삶을 유지하는
삶의 전부이다.

그러나 난 지금까지
진리를 바라고 있다.
그것이 썩어지지 않을
내 삶의 목표이다.

잠들 수가 없다.
나의 뇌리에 새겨질
하늘의 노래를 부르며
그 길을 걸어가야 한다.

나나 내 형제들이나 종자들이나 나를 따라 파수하는 사람이나
우리가 다 우리의 옷을 벗지 아니하였으며 물을 길으러 갈 때
에도 각각 병기를 잡았느니라. Nehemiah 4:23

31. 털어버림

빼앗길 것도 없다.
마음이 없는데
그 안에 무엇이
남아있겠느냐?

마음 없는 것이 죄이다.
거기에서 모든 죄가 시작된다.
신실한 마음.
사랑의 마음.

마음을 주지 않기에
응답이 없는 것.
마음을 주어야
역사가 일어난다.

빈손으로 와도 좋다.
그러나 빈 마음으로 오지는 말라.
마음 없는 헌물에
내 코를 막는다.

일이 아니라 마음이고
돈이 아니라 영혼이다.

업적을 땅에 쌓지 말고
마음을 거기에 놓으라.

탑을 쌓지 말고
버림을 쌓으며
소원을 드리지 말고
마음을 올리라.

소리쳐 기도만 하지 말고
영혼 없는 헌금을 놓지 말라.
상대를 설득하려 하지 말고
너의 마음을 주라.

따뜻한 마음으로
그의 눈을 바라보며
너의 전 존재를 다해
이웃의 손을 잡으라.

내가 옷자락을 털며 이르기를 이 말대로 행하지 아니하는 자
는 모두 하나님이 또한 이와 같이 그 집과 산업에서 털어 버리
실지니 그는 곧 이렇게 털려서 빈손이 될 지로다. Nehemiah 5:13

32. 소행

완성된 진리는 없다.
다만 자기의 자리에서
있는 그대로 자기의
소견을 말할 수 있을 뿐.

변함없는 진리는 없다.
그것은 다만 계속해서
존재의 상황에 따라
변해야 하는 것일 뿐.

영원한 진리는 없다.
그것은 다만 한쪽의
교조적이고 독선적인
자기 아집일 뿐.

모든 것을 다 아는 것처럼
그것만이 진리인 것처럼
하늘의 문을
막아서지 말라.

어떻게 너의 죄 값을
감당하려고 그러느냐?

하늘을 빙자하여
너의 사욕을 채우지 말라.

너하고 뜻이 다르면
모두 사이비가 되는 것이고
네가 하늘의 뜻을
판단하는 것이더냐?

배불리 먹을 수가 없다.
조심조심 최소한의 생명을
내 것으로
취하는 것이다.

허공에 기록된 소행이
만천하에 드러날 날이 있다.
그것처럼 헛된 것이
어디에 있겠느냐?

내 하나님이여, 그 남은 선지자들 곧 나를 두렵게 하고자 한 자
들의 소행을 기억하옵소서. Nehemiah 6:14

33. 낙담

살아있는 정신.
그가 역사를 일으킨다.
마지막까지 그것을
견디어내야 한다.

눈을 감지 않는 용기.
그것으로 역사는 일어난다.
그들의 희망이 모여
역사의 강물이 된다.

십자가를 지는 소명.
그 앞에 어둠은 물러간다.
그 한 사람에 의해
어둠은 밝혀진다.

그들에 의해
하늘이 열린다.
그때까지 손에서
줄을 놓지 않는다.

그것이 우리의 소망이다.
하늘을 바라볼 필요도 없다.

자기의 자리에서
끝까지 기다린다.

그리고 마지막에
기도를 드리면 된다.
그 기도를 누가
꺾을 수 있겠는가?

자기의 할 일을 다하고
서로의 손을 잡는다.
그 전까지는 어떤
요행도 바라지 않는다.

네가 있기에
오늘의 내가 있고
네가 거기에 있기에
내가 여기에 있을 수 있는 것.

우리의 모든 대적과 주위에 있는 이방족속들이 이를 듣고 다
두려워하여 크게 낙담하였으니 그들이 우리 하나님께서 이 역
사를 이루신 것을 앎이니라. Nehemiah 6:16

34. 돌아옴

돌아가야 한다.
내가 태어나고
내가 바라보았던
내 영혼의 지성소.

난 언제나
그곳을 생각했다.
그곳으로 돌아가서
내 육신을 뉘어야 했다.

그것 때문에
지금을 살아왔다.
난 이방에 머물러
죽을 수가 없었다.

숨을 쉬고
노래를 불러도
내 마음은 항상
거기에서 살아갔다.

이렇게 마음에 가득한
나의 성소는 없었다.

내 몸은 세상을 걸었지만
내 마음은 그곳에 있었다.

그것이 나를 이끌어간
내 삶의 원동력이었다.
그것 때문에 숨을 쉬고
그것 때문에 밥을 먹었다.

그것이 마음에 없었고
그것을 바라지 않았다면
나는 세상을 살아갈
아무런 이유도 없었다.

다시 이곳에 찾아왔다.
여기에 뼈를 묻고 몸을 살라
자유를 향한 걸음을 옮겨야 한다.
영원을 향한 기도를 올려야 한다.

옛적에 바벨론 앞 느부갓네살에게 사로잡혀 갔던 자들 중에서
놓임을 받고 예루살렘과 유다에 돌아와 각기 자기들의 성읍에
이른 자들. Nehemiah 7:6

35. 책을 펼 때

하늘의 책을 편다.
내 영혼에 살아서
온몸으로 춤을 추는
사랑의 노래가 흐른다.

몸을 추슬러
일어서야 한다.
온몸으로 계시를 맞이하여
하나도 땅에 떨어뜨리지 않아야 한다.

책을 펼 때마다
나를 위한
하늘의 통찰이 들려온다.
그렇게 깨어 있어야 한다.

귀가 있어도 듣지 못하고
눈이 있어도 보지 못하는
우매한 군중들이
거기에 있다.

말씀이 없어서가 아니고
성소가 없어서가 아니다.

듣는 자는 일어서고
받는 자는 살아날 것이니

천지에 가득한
말씀의 향연 속에서
내 속에 심겨진 말은
내 삶의 지표가 된다.

날마다 책을 펴면
거기에 말씀이 있다.
새기고 새길 때마다
다시 살아 나에게 다가온다.

태초에 말씀이 있었으니
그 말씀이 육신이 되어
우리 가운데서
빛을 비추었다.

에스라가 모든 백성 위에 서서 그들 목전에 책을 펴니 책을 펼
때에 모든 백성이 일어서니라. Nehemiah 8:5

36. 거룩한 날

날마다 거룩한 날이고
날마다 축제의 날이다.
하늘이 모든 것을 열어
자신을 밝혀주시니

그 빛을 받아
마음에 간직하고
영혼을 비추어
열매를 맺으라.

죄악을 버리고
모든 것을 내려놓으라.
세상의 짐을 지지 말고
가볍게 순례의 길을 걸으라.

낮고 천한 것이
어디에 있으며
버려야 할 것이
어디에 있는가?

마음으로 받고
두 손을 모으면

모든 것이 귀하고
모두가 거룩하다.

하늘이 너를 위해
처소를 예비하고
땅이 너를 받아
자리를 준비하니

서로 나누면
갑절이 될 것이고
사랑의 손을 펴면
기쁨이 충만하리라.

노래를 부르라.
그 외에 할 일이 무엇이며
기도를 올리라.
그 외에 바랄 것이 무엇이 있겠느냐?

느헤미야가 또 그들에게 이르기를 너희는 가서 살진 것을 먹
고 단 것을 마시되 준비하지 못한 자에게는 나누어 주라. 이 날
은 우리 주의 성일이니 근심하지 말라. 여호와로 인하여 기뻐
하는 것이 너희의 힘이니라. Nehemiah 8:10

37. 초막

초막을 지으며
그때를 기억한다.
우리는 거기에서
그렇게 살아왔다.

어둠을 지나며
쓴 물을 마셨다.
고통의 날 속에서
노래를 불렀다.

지금 지나보니
그것이 은혜였다.
사는 것이 기도였고
먹는 것이 복이었다.

그것이 없었다면
무엇을 바랄 수 있었을까?
가만히 있어
하늘을 따를 뿐이다.

조금만 더 기다리고
조금만 더 참는 것일 뿐.

그것이 우리를 위해
필요한 것이었다.

이제 여기에서
너를 기다린다.
그가 올 때까지
여기에 머무른다.

잊지 않아야 한다.
그가 거기에서
우리를 건져내어
죽음의 광야를 지나왔다.

하늘을 바라보며
별들을 따라간다.
깊은 밤 홀로 깨어
동틀 날을 생각한다.

38. 경배

하늘을 바라본다.
천지에 가득하다.
그것을 깨닫고
그를 찬양한다.

그의 뜻을 따라
평화를 이루는 것.
그들이 드린 기도는
땅에서 이루어진다.

모든 생명에
신성이 깃들어있다면
한 발도 함부로 디딜 수 없고
한 말도 함부로 뱉을 수 없다.

생명을 경외하고
거룩의 길을 걷는 것.
그것이 오늘을 사는
신앙의 삶이다.

우상을 거부하고
폭압에 항거하며

평등의 세상을 이루어가는 것.
그것이 우리가 걸어갈 하늘의 길이다.

상대를 절대라 하고
일리를 진리라 하는
모든 거짓을 물리치며
꼿꼿이 서서 길을 걷는다.

사도의 길을 물리치고
정도의 길로 걸어가는
그것이 좁은 길이요
그것이 구원의 길이다.

그 외에 어떤 것도
그의 자리에 앉아
하늘을 호령할 수 없고
민중을 겁박할 수 없다.

오직 주는 여호와시라 하늘과 하늘들의 하늘과 일월성신과 땅
과 땅 위의 만물과 바다와 그 가운데 모든 것을 지으시고 다 보
존하시오니 모든 천군이 주께 경배하나이다. Nehemiah 9:6

39. 선한 영

나는 물입니다.
하늘이 나에게 비쳐
내 안에 생명이 충만한
나는 하늘의 거울입니다.

나는 호수입니다.
태양을 품고
달빛을 비추어내며
구름처럼 세상을 흘러갑니다.

나는 바람입니다.
어디든 갈 수 있고
무엇이든 할 수 있는
나는 영원한 자유입니다.

누가 나를 막을 수 있으며
누가 나를 누를 수 있겠습니까?
그렇게 창조되었고
그것을 이루어갑니다.

나는 호흡입니다.
역사의 숨을 쉬며

생명들을 살려내는
끊임없는 외침입니다.

나는 노래입니다.
때로는 바람이 되고
때로는 천둥이 되어
하늘의 선율을 뿜어냅니다.

나는 생명의 만나입니다.
광야에서 만나는 한줌의 생수처럼
가장 낮은 곳에서 손을 펴는
사랑의 나눔입니다.

가진 것 없고
있는 것 없지만
나 자신을 나누어주며
따뜻한 눈길을 주는 마음입니다.

또 주의 선한 영을 주사 그들을 가르치시며 주의 만나가 그들의 입에서 끊어지지 않게 하시고 그들의 목마름을 인하여 그들에게 물을 주어. Nehemiah 9:20

40. 언약

거기까지다.
뜨뜻한 안방에 앉아
너희의 소원을 들어줄
하늘은 없다.

이제 광야를 찾아
순례를 떠나야 한다.
그곳에 너희의 육신을
반듯이 뉘어야 한다.

무에서 유를
찾아야 한다.
그의 신성을 찾아
길을 떠나야 한다.

하늘에서 내려와
너희의 기도를 듣고
손을 내밀어줄
초월자는 없다.

진리는 땅에 내려와
육신을 입어야 한다.

너희가 대행자가 되어
하늘의 뜻을 이루어야 한다.

서로 손을 잡아야 한다.
혼자는 걸을 수 없다.
기도는 서로의
마음에 하는 것이다.

네가 섬기는 것이
우상이 되지 않도록
네 자신을 살펴야 한다.
허상을 철저하게 가려내야 한다.

그것이 너와 맺을
나와의 언약이다.
깊이 감추인 신비를 찾아
조용히 눈을 감아야 한다.

우리가 이 모든 일로 말미암아 이제 견고한 언약을 세워 기록
하고 우리의 방백들과 레위 사람들과 제사장들이 다 인봉하나
이다. Nehemiah 9:38

41. 탕감

버림은 자유이니
그의 뜻을 따른다.
욕망을 내어 버리고
안식을 지킨다.

열심히 살 때가 있으면
아무것도 안 할 때가 있다.
열심이 안식보다
나은 것이 무엇인가?

그만해라.
그만해도 됐다.
지금 너의 일을 중단하고
원래의 자리로 돌아가라.

항상 영점으로
돌아가야 한다.
그래야 평등이
이루어질 것이다.

양극화가 쌓이고 쌓이면
혁명이 일어난다.

그때가 되면
모든 것이 원점이 된다.

그만 욕심을 버리고
단순하게 살아라.
있어도 없는 듯이
없어도 있는 듯이

내 것이 어디 있으며
네 것이 어디에 있는가?
모두가 그의 것이니
원래의 것으로 돌려야 한다.

그것을 알면
억울함도 사라지고
원한도 풀릴 것이니
억겁의 업장을 그만 내려놓으라.

3 장

죽음을 이긴다

42. 와스디

한 시대의 죄악을 가져온
허영과 오만이 하늘을 찌른다.
이보다 더 무능하고
이보다 더 악할 수 없다.

하늘의 뜻을 알지 못하고
생명을 겁박하여
자기의 사욕을 채우는
어둠의 무리들.

구중궁궐에 처박혀
온갖 음모를 일삼고
이웃의 고혈을 빨아 먹으며
자기의 배를 두드리고 있다.

하늘 무서운 줄 모르고
은혜를 저버리며
오만 방자하게
콧대를 높이고 있다.

네가 받은 것이 무엇이냐?
하루의 숨을 쉬고 있거늘

무엇이 그렇게 잘나
눈을 치켜뜨는 것이더냐?

너 혼자 그렇게
살아가는 것이더냐?
세상에 너밖에
잘난 자가 없는 것이더냐?

어둠이 세상을 덮을 때는
하늘을 바라보아야 한다.
밝은 세상을 위해
촛불의 기도를 드려야 한다.

그리고 하늘의 뜻을
기다려야 한다.
그때까지 눈을 뜨고
자기의 자리에 앉아야 한다.

왕후 와스디는 내시가 전하는 왕명을 따르기를 싫어하니 왕이
진노하여 마음속이 불붙는듯 하더라. Esther 1;12

43. 에스더

그 시대에
그 사람이 필요하다.
그 시대를 위해
내가 존재하는 것.

나의 삶으로
나의 사랑으로
나의 몸짓으로
새 시대를 열어야 한다.

하늘이 열리는
기도를 올려야 한다.
이때를 위하여
내가 여기에 있는 것.

그 자리에서
하늘의 뜻을 이루고
하늘로 기도를
올려야 한다.

언젠가 한번은
삶을 바쳐야 한다.

삶의 한 획을
그어야 한다.

그 뜻을 이룬
그 후에는
하늘에 올라
고요히 눈을 감아야 한다.

그것이 내가
이 땅에 존재하는
마지막 이유이며
주어진 소명이다.

어디에 있든지
무엇을 하든지
하늘의 뜻을 이루어야 한다.
그에게 불림을 받아야 한다.

그의 삼촌의 딸 하닷사 곧 에스더는 부모가 없었으나 용모가
곱고 아리따운 처녀라. 그의 부모가 죽은 후에 모르드개가 자
기 딸 같이 양육하더라. Esther 2:7

44. 모르드개

어둠 속에서
하늘을 바라본다.
어둠 속에 있어야
어둠을 볼 수가 있다.

고요한 중에
마음을 살핀다.
거기에 움직임이 있다.
마음은 어디로 흐르는가?

가만히 있어
그를 기다린다.
그는 어느 곳을 향해
지금 길을 가고 있는가?

그보다 앞서지 않고
그보다 뒤서지 않아
그와 함께
하늘의 길을 간다.

어둠 속에서
어둠에 지지 아니하고

어둠을 밝혀
빛을 비춰야 한다.

분노에 지지 말고
감정에 묻히지 말고
무섭도록 차분하게
그의 뜻을 기다려야 한다.

술수에 넘어가지 않고
음모에 얽히지 않아
바람처럼 가볍게
버릴 수 있어야 한다.

아무나 갈 수 없고
누구도 쉽지 않은
갈 수 있는 만큼만
길을 가는 것이다.

모르드개가 대궐 문에 앉았을 때에 문을 지키던 왕의 내시 빅
단과 데레스 두 사람이 원한을 품고 아하수에로 왕을 암살하
려는 음모를 꾸미는 것을. Esther 2:21

45. 자유

무릎을 꿇을 수 없다.
하늘 외에는
그 어디에도
엎드릴 수 없다.

내가 그렇게
그것을 위해 태어났거늘
나를 거기에
내어줄 수가 없다.

세상의 탐욕에
마음을 뺏겨
거기 진흙탕에
딩굴 수가 없다.

조금이라도 높아지고
비교하고 오만해지는
내가 거기에
얽맬 수가 없다.

바람과 함께
자유의 길을 거니는

그 외에 나 자신을
가둘 수가 없다.

그것 때문에
내가 모든 소유를 잃고
조금 어렵게 산다하더라도
나를 천하게 내어놓을 수가 없다.

나는 하늘의 형상을 받았고
하늘은 나로 인해 영광을 받거늘
그 외의 어느 것에
나를 넘길 수 없다.

그래, 그렇게 너는 너의 길을 가라.
이렇게 나는 나의 길을 가리라.
저 푸른 산야의 들꽃처럼…
광야의 길을 걸어가는 고독한 순례자처럼…

대궐 문에 있는 왕의 모든 신하들이 다 왕의 명령대로 하만에
게 꿇어 절하되 모르드개는 꿇지도 아니하고 절하지도 아니하
니. Esther 3:2

46. 하만

그들을 죽여야
내가 살 수 있다.
우리가 뭉쳐서
패를 갈라야 한다.

어떻게든 이기는 자가
파이를 먹는 것이다.
죽은 자는 말이 없고
패한 자는 자리가 없다.

돈 놓고 돈 먹기다.
투자금 하나 없이
힘쓰고 애쓰는 것 없이
무엇을 얻을 수 있겠는가?

내가 하는 모든 것은
미래를 위한 것이다.
지금 한 그루의
나무를 심는 것이다.

돈 없이 투자 없이
되는 일이 있었던가?

심는 것 없이
거둘 수가 있겠는가?

본때를 보여야 한다.
거역하지 못하게
가장 참혹하게
징벌을 해야 한다.

투자한 만큼 벌게 되고
노력한 만큼
얻게 된다는 것을
만천하에 보여주어야 한다.

거저 주어서는 안 된다.
그것은 거지근성을 만드는 것.
그것을 깨닫게 해주어야 한다.
그러면 내 밑으로 모여들 것이다.

왕이 옳게 여기시거든 조서를 내려 그들을 진멸하소서! 내가
은 일만 달란트를 왕의 일을 맡은 자의 손에 맡겨 왕의 금고에
드리리이다. Esther 3:9

47. 자리

네가 여기에 있는 것은
바로 이때를 위함인 것.
언젠가 한 번은
누구나 버려야 한다.

네가 지금 숨을 쉬는 것은
마지막 그 날을 위함인 것.
그 날이 오면 모든 것을
내려놓아야 한다.

끝없이 걷다보면
어느 날 목표에
이르게 되는 것.
그 길을 걸어야 한다.

지금 네가 하지 않아도
걱정할 필요는 없다.
누군가는 하는 것이고
하늘이 역사하게 될 것.

입을 열어야 할 때는
입을 열어야 하고

뜻을 감당해야 할 때에는
주저함이 없어야 한다.

의를 위하여
나서지 않는다면
불의에 의하여
망하게 될 것이니

지금 하늘의 일에
쓰임을 받는 것이
우리가 살아가는
최고의 영광일 것.

바로 이를 위하여
우리가 지금 여기에 있다.
그렇게 할 수 있는 것에
감사를 드릴 뿐이다.

이 때에 네가 만일 잠잠하여 말이 없으면 유다인은 다른 데로
말미암아 놓임과 구원을 얻으려니와 너와 네 아버지 집은 멸
망하리라. 네가 왕후의 자리를 얻은 것이 이 때를 위함이 아닌
지 누가 알겠느냐? Esther 4:14

48. 죽으면 죽으리라

죽기로 결심하니
못할 것이 없다.
두려움이 없으니
무엇이 무서운가?

다 살고자 하고
다 두려워 하니
죽고자 하는 자가
승기를 잡는 것.

누구나 죽어가고
죽음이 친구이니
그의 그림자와
함께 살아간다.

무서워 떠는 자는
얕잡아 보이지만
눈을 부릅뜨는 자는
모두가 두려워한다.

거기에서
역사가 일어나고

그곳에서
생명이 시작된다.

이제 손을 잡고
같이 길을 가자.
우리를 기다리는
죽음의 땅으로 나아가자.

그곳을 지나야
영생에 도달하리니
우리가 지나야 할
마지막 관문이다.

모두 다 버리니
새롭게 시작된다.
나, 그곳에 들어가
생명을 얻으리라.

당신은 가서 수산에 있는 유다인을 다 모으고 나를 위하여 금
식하되 밤낮 삼일을 먹지도 말고 마시지도 마소서! 나도 나의
시녀와 더불어 이렇게 금식한 후에 규례를 어기고 왕에게 나
아가리니 죽으면 죽으리이다. Esther 4:16

49. 민족을 내게 주소서

아직 해야 할 일이
나에게 남아있습니다.
나를 위한 일이 아니라
하늘이 맡긴 일입니다.

세상에 대한 미련이 아니라
하늘에 대한 미련입니다.
이것이 삶의 명령이고
내 생의 의미입니다.

그것이 없다면
사는 것이 아니요
하루의 연명에 불과할 것이니
더러운 숨을 남기는 것입니다.

하여 나는 지금
이 자리에 섰습니다.
나는 벌써 당신 앞에
죽은 몸이 되었습니다.

당신의 땅을 떠나
여기로 나아왔을 때

나에게는 더 이상
세상을 바라볼 이유가 없었습니다.

그러나 아직 내게 할 일이 있다면
이것이 내가 호흡을 멈추지 않고
지금까지 살아가는 이유라면
내 생명을 내게 주소서!

내 삶을 허락하시고
내가 당신 앞에
사는 은혜를 입었으면
내 민족을 나에게 주소서!

이제 이 길을 다 걸은 후에
당신 앞에 나아가
나의 모든 것을
당신 앞에 내어놓겠습니다.

왕후 에스더가 대답하여 이르되 왕이여, 내가 만일 왕의 목전
에서 은혜를 입었으며 왕이 좋게 여기시면 내 소청대로 내 생
명을 내게 주시고 내 민족을 내게 주소서! Esther 7:3

50. 부림절

그날은 언제입니까?
악인들이 부르르 떨고
의인들이 손을 들어
마침내 일어서는 날.

하늘의 문이 열리고
축복의 단비가 내려와
수목들은 손을 높이 들고
만물은 소리를 높이는 날.

서로를 얼싸안고
감격의 눈물을 흘리며
여지껏 살아있음에
감사를 드리는 날.

삶이 수치가 아니고
기쁨이 탄성이 되며
더 이상 갈 길이 없고
더 이상 할 일이 없는 날.

단지 마음이 아니고
상상이 현실이 되어

한 점 막힘이 없는
생명의 노래를 부르는 날.

기다리는 자가 얻게 되고
심은 자가 거두게 되어
이마에 흘린 땀방울을
존경하게 되는 날.

서로의 눈물을 씻어주고
서로의 고통을 이해하며
같이 힘을 합해
순례의 길을 떠나는 날.

말이 필요 없고
기도도 필요 없어
그저 가슴으로
이웃을 받아들이는 날.

이 달 이 날에 유다인들이 대적에게서 벗어나서 평안함을 얻
어 슬픔이 변하여 기쁨이 되고 애통이 변하여 길한 날이 되었
으니 이 두 날을 지켜 잔치를 베풀고 즐기며 서로 예물을 주며
가난한 자를 구제하라. Esther 9:22

51. 욥

내 안의 나와
하늘의 내가 싸우고 있다.
나는 아직도
싸움 중에 있다.

인정받고 싶은 나.
높아지고 싶은 나.
광야에 홀로 서서
길을 걷지 못하는 나.

누군가를 의지하고
누군가를 따라야 하는
길을 내지 못하고
길이 되지 못하는 나.

나는 아직도
길 위에 있다.
하늘의 길을
걸어가고 있다.

나를 의인이라 하지 말라.
나를 진인이라 하지 말고

나는 초인이라 하지 말라.
나는 다만 도를 구하는 도인일 뿐.

어둠 속에서
빛을 바라보며
한 발 한 발 조심스레
길을 걷고 있을 뿐.

날마다 하늘을 바라보며
어디에 희망이 있을까,
어디에 구원이 있을까,
그저 기도를 드리고 있을 뿐.

얻으려 하지 않고 버리려 하며
오르려 하지 않고 내려가려 할 뿐.
다만 같이 길을 걸어가는 도반이 있다면
그들과 함께 조금의 기쁨을 나누려 할 뿐.

우스 땅에 욥이라 불리는 사람이 있었는데 그 사람은 온전하
고 정직하여 하나님을 경외하며 악에서 떠난 자더라. Job 1:1

52. 행위

벌써 저만큼 가있다.
내가 세상에 머물러
육신의 밥에 빠져서
똥을 싸고 있는 동안

날마다 영성의 칼을 갈지 않고
그렇게 세상의 길을 거닐며
그 위에 앉아
퍼지르고 있다.

세월은 저만큼 가있고
영성의 칼은 그만큼 녹슬어 간다.
나는 그것을 보며
한숨만 쉬고 있다.

나를 쳐서 경건의 자리에 앉아
깨어서 순례의 길을 걸으며
하루도 세상에 머물지 않고
세월을 허비하지 않아야 할 터인데

하루를 쉬면 내가 알고
이틀을 자면 적이 안다.

순간 마음을 놓치면
천 길로 떨어진다.

부글거리는 감정과
치솟는 분노에 싸여
돌이킬 수 없는
미움의 길을 걸어간다.

마음을 어디에 놓으며
사랑을 어디에 줄 것인가?
하늘을 여는 열쇠를
우리에게 맡겼건만

또다시 그 열쇠를
사탄에게 건네주고
마귀의 형상이 되어
패역의 길을 걸어간다.

53. 사단

마음을 뺏어야 한다.
그것만 뺏으면 된다.
다른 아무것도 필요하지 않다.
삶과 죽음이 거기에 달려 있으니

배신의 생각을 집어넣어야 한다.
여러 가지 계산과
자기의 사익을 따져
실리를 구하게 해야 한다.

소유물을 잃어버리게 해야 한다.
그러면 난리를 칠 것이다.
하늘이 내려앉은 듯
절망에 빠질 것이다.

육신을 쳐야 한다.
뼈를 부수어 트리고
끊임없이 신경을 파고드는
아픔을 주어야 한다.

죽지 않을 만큼만
고통을 가해야 한다.

죽으면 안 된다.
그러면 순교라고 칭송할 것이다.

목숨을 위협해야 한다.
공포를 조성해야 한다.
무서워 쫄게 해야 한다.
두려움을 주어야 한다.

거기에서
모든 병이 시작될 것이다.
무슨 무슨 포비아라고
불러댈 것이다.

빛의 세계는
너희들이 가지라.
어둠의 세계는
내가 가지리라.

54. 까닭 없이

당신의 생수가
나를 통해 흐르기를 원합니다.
당신의 능력이
나를 통해 나타나면 됩니다.

당신의 축복이
나를 통해 내려오기를 원합니다.
당신의 은혜가
나를 통해 역사하면 됩니다.

당신의 역사가
나를 통해 일어나기를 원합니다.
당신의 사랑이
나를 통해 보여지면 됩니다.

그것으로 나는
존재의 의미를 가지며
그것이 내가
존재하는 이유입니다.

그것만 있으면 됩니다.
그것이 내가

세상에서 살아가는
단 한 가지 목적입니다.

그리고 그것이 끝나면
나는 하늘로 돌아가
고요히 눈을 감고
자리에 앉을 것입니다.

당신의 통로가 될 수 있도록
나를 청소합니다.
당신의 소리가 되기 위해
나를 정화합니다.

날마다 나를 치워
당신의 영광이 나타나고
영혼들이 당신 앞에 나아가도록
나는 한쪽으로 비켜섭니다.

사탄이 여호와께 대답하여 이르되 욥이 어찌 까닭 없이 하나
님을 경외하리이까? Job 1:9

55. 소유

소유냐?
소명이냐?
소유를 위해 사느냐?
소명을 이루기 위해 사느냐?

존재냐?
사명이냐?
존재하기 위해 사느냐?
하늘의 뜻을 따라 살아가느냐?

세상의 소유가
존재의 의미라면
소유가 사라지면
존재도 사라질 것.

하늘의 소명이
존재의 의미라면
소명이 다할 때까지
죽을 수가 없을 것이다.

소유는 보이는 것이라면
소명은 보이지 않는 것이니

보이는 것이 사라지면
보이지 않는 것이 시작되리라.

소유와 소명이
존재의 경계이다.
소유는 뺏을 수 있지만
소명은 뺏을 수가 없다.

소유에 집착해
감정에 휘둘린 것인가?
아니면 거기에서 벗어나
하늘의 길을 가려는가?

언제 거기에서 올라와
그의 길을 가려는가?
언제 하늘에 올라와
그의 세계에서 살려는가?

이제 주의 손을 펴서 그의 모든 소유물을 치소서! 그리하시면
틀림없이 주를 향하여 욕하지 않겠나이까? Job 1:11

56. 알몸

벗어야 한다.
위선과 가식의 옷을 벗고
그에게로 나아가야 한다.
거기에서 자유가 나온다.

무한한 창공을 뚫고
날아올라야 한다.
거기에서 그를
만날 수 있다.

바닥이 좋은 자는
거기에서 살겠지만
언젠간 그가 계신 곳으로
모두 나아가야 한다.

그대로 가는 것이
하늘의 은혜이다.
버릴 자유도 있고
가질 자유도 있다.

거기에서 우린
그의 숨결을 느낄 수 있다.

그 떨림의 소리를
받아 적을 수 있다.

그것이 아니라면
우리는 아무것도 아니다.
그저 입술의 소리를
되뇌이는 것이다.

아무것도 없어야
그를 알 수 있다.
모두 벗은 몸으로
그에게 나가야 한다.

이것이 내가 할 일이다.
날마다 그 앞에 나아가
허물을 벗어버리는 것.
그리하여 나비로 날아오르는 것.

내가 모태에서 알몸으로 나왔사온즉 또한 알몸이 그리고 돌아
가올지라. 주신 이도 여호와시요 거두신 이도 여호와시오니 여
호와의 이름이 찬송을 받으실지니이다. Job 1:21

57. 원망

원망은 정죄를 부르고
불평은 불행을 부른다.
이 원리를 깨닫는다면
성공의 길을 갈 수 있다.

자기가 부르는 그것이
자기에게 찾아온다.
자기가 부르는 노래가
자기를 만들게 된다.

자기가 하는 말대로
행위가 이루어진다.
자기가 하는 기도가
그대로 응답이 된다.

이것이 행동의 원리라면
우리가 원하는 결과를
우리 뜻대로
가져올 수 있으리라.

사랑을 심고
감사의 씨를 뿌려야 한다.

어떠한 일에도 원망하지 말고
그 속에 숨겨진 뜻을 찾아내야 한다.

하늘의 뜻을 찾아
축복의 길을 걸어가는 것.
그것이 우리에게 주어진
은혜의 길일 것이다.

우리는 날마다
축복을 심거나
저주를 심을 수 있다.
그것은 우리의 선택이다.

의인은 의인의 말을 하고
복인은 축복의 말을 한다.
그대는 지금
어떤 말을 하고 있는가?

이 모든 일에 욥이 범죄 하지 아니하고 하나님을 향하여 원망
하지 아니하니라. Job 1:22

58. 생명

다 가져가도
영혼은 가져갈 수 없다.
자기가 팔아먹지 않는 한
누구도 빼앗아 갈 수 없다.

자기가 포기하지 않는 한
누구도 포기하게 할 수 없다.
모든 원인은
자기에게 달려있는 것.

자기의 삶은
자기가 사는 것이고
자기의 밥은
자기가 먹는 것이다.

자기가 살아온 것은
자기가 책임을 져야 한다.
자기의 책임을
누구에게도 돌릴 수 없다.

하늘을 향하여 삿대질을 하지 말라.
그곳은 우리가 돌아갈 고향이다.

땅을 향하여 침을 뱉지 말라.
그곳은 우리가 살아가는 곳이다.

하늘을 바라보며 맹세를 하지 말라.
너희는 언제나 변할 수 있는 존재다.
땅을 바라보며 침을 튀기지 말라.
그곳은 너희가 태어난 곳이다.

내가 주지 않는 한
누구도 가질 수 없고
내가 버리지 않는 한
누구도 소유할 수 없다.

육신을 범할 자를 두려워하지 말고
영혼을 탐하는 자를 두려워하라.
생명을 잃어버릴 것을 염려하지 말고
영혼이 더러워질 것을 염려하라.

여호와께서 사탄에게 이르시되 내가 그를 네 손에 맡기노라.
다만 그의 생명은 해하지 말지니라. Job 2:6

59. 입술

모든 범죄는
입술에서 시작되며
모든 축복도
입술에서 시작된다.

누구나 입술을 가졌지만
다 선용하는 것은 아니고
누구나 재산을 가졌지만
다 부자인 것은 아니다.

감사의 말 한마디가
축복으로 돌아오고
찬양의 입술은
하늘의 문을 연다.

사랑의 말은
미움을 녹이고
희망의 기도는
평안을 가져온다.

말 한마디로
영혼이 살아나고

믿음의 말로
영혼이 안정된다.

생명의 입술은
능력을 일으키고
진리의 입술은
두려움을 물리친다.

우리의 입술은
무언가를 창조한다.
날마다 우리는 그것으로
기적을 일으킨다.

아무것도 없는 것 같지만
모든 것을 가진 자요
지극히 작은 자 같지만
역사의 거인이 될 수 있다.

그대의 말이 어리석은 여자의 말 같도다. 우리가 하나님께 복을 받았은즉 화도 받지 아니하겠느냐 하고 이 모든 일에 욥이 입술로 범죄하지 아니하니라. Job 2:10

60. 생일

태어난 날이 있으면
돌아가는 날이 있다.
태어난 날이 없는데
어떻게 돌아가겠느냐?

태어남이 시작이라면
돌아갈 날은 완성이다.
태어남이 은혜라면
마치는 날은 영광이다.

매일 그만큼씩 산다.
더도 아니고
덜도 아니고
주어진 만큼만 사는 것.

매일 태어나고
매일 마침이니
영생이 어디 있고
죽음이 어디 있는가?

매일이 시작이고
매일이 끝남이니

새로움도 없고
비장함도 없다.

일상의 반복이며
수행의 연속이다.
탄생을 기념하는
거룩한 예전이다.

소유에 얽매지 않고
목숨에 연연하지 않으니
날마다 생일이고
날마다 장례이다.

영원도 없고
찰나도 없는
그 순간을 살아간다.
오늘도 거기에서 기도를 드린다.

61. 해산

오래 있어야 한다.
하늘의 뜻을
기다려야 한다.
준비를 해야 한다.

생명의 기도를
올려야 한다.
아무렇게나
시작할 수는 없다.

가장 적절한
때가 되었을 때
그 앞에 나아가
하나가 되어야 한다.

세상에서
가장 거룩한 작업.
쾌락이나 탐욕이 아니라
사랑의 완성이 되는 것이다.

수억 분의 일,
기적의 인연을 거쳐

마침내 생명이 잉태된다.
그것은 하늘의 선택이다.

그리고 적어도 열 달을
몸속에 지니고 다녀야 한다.
농익고 농익어
마침내 세상에 나와야 할 때,

하늘이 열리는 고통 속에
한 생명은 태어나게 된다.
그 과정을 겪어야 한다.
고통 없이 희열은 없는 것.

그러니 함부로 살 수가 없다.
숨 한번 허투로 쉴 수가 없고
밥 한술 헛되이 먹을 수가 없다.
모든 생명의 삶이 거기에 있다.

어찌하여 내가 태에서 죽어나오지 아니하였던가? 어찌하여 내
어머니가 해산할 때에 내가 숨지지 아니하였던가? Job 3:11

62. 아픔

어둠 속에서만이
빛을 볼 수 있다.
그래서 밤이
찾아오는 것이다.

고난 속에서
때를 기다린다.
기다릴 줄 아는 자만
새벽을 맞이할 수 있다.

그 속에서만이
진실한 기도가 나온다.
그러니 어찌 내가
시간을 거역하겠는가?

뜻을 찾는다.
무엇 때문에 그가 찾아왔고
나는 그 속에서
무엇을 깨달을 수 있는가?

다시 일어선다.
오랜 침묵 후에

손을 털고 일어날 때
하늘의 빛이 비쳐온다.

친구의 손을 잡는다.
혼자보다 여럿이 좋다.
같이 손을 잡을 때
역사가 일어난다.

겸손히 머리를 숙인다.
겪어본 자와
지나온 자만이
실상을 알 수가 있다.

마지막 죽음을 넘어설 때
새로운 세계가 시작된다.
나 거기에서
영생을 얻으리라.

어찌하여 고난당하는 자에게 빛을 주셨으며 마음이 아픈 자에게 생명을 주셨는고? Job 3:20

63. 불안

나는 무화과나무 밑에서 떨고 있었다.
신성을 향한 추구를 떠나
동물성의 쾌락을 찾아
순간의 맛에 빠져서…

하늘의 뜻을 저버렸다.
영원을 추구하는
순례의 길에서 벗어나
선악과를 먹어버렸다.

그것은 먹어서는 안 되는 것이었다.
끝까지 유혹을 거부하고
고이 마음을 간직하여
하늘에 드려야 했다.

너무 쉽게 생각했다.
생각하기를 싫어했다.
단순히 믿음으로만 얻는
구원의 길을 가고 싶었다.

얼마나 쉬운 길인가?
믿기만 하면 된다니,

힘쓰고 애쓸 것도 없다.
좁은 길로 걸어갈 필요도 없다.

그렇다면 십자가를 질 필요도 없었다.
절만 하면 되었고
빵을 만들어 먹으면 되었고
기적만 일으키면 되었다.

그러나 그 길은 하루에 끝나는 것이 아니었다.
그것은 단지 시작이었다.
시작도 못한 사람이 많기에
시작이라도 하는 것은 은혜였다.

살아있어 느낀다는 것.
하늘의 신비를 바라보며
거룩의 길을 찾아간다는 것.
그것이 내가 살아갈 하루의 길이었다.

64. 죄 없이

우리가 심은 대로
거두는 것이지만
심지 않은 것도
거둘 수 있다.

우리가 심은 것만
먹는 것은 아니고
심지 않는 것도
먹을 수 있다.

그것이 바로
신비와 은혜의 세계인 것.
심은 대로 거둘 뿐이라면
은혜가 설 자리가 없다.

은혜 아니라면
누가 설 수가 있겠는가?
다만 하늘의 뜻을 따라
묵묵히 길을 걸어갈 뿐.

세상 짐을 지고 가는 어린 양도 있고
자기를 바쳐 문을 여는 이도 있다.

그들에 의해 오늘도
이 세상은 존재한다.

요행을 바라는 것은 아니다.
다만 우리가 알지 못하는
세상의 신비와 하늘의 은혜가
있을 수 있다는 것이다.

지혜가 필요한 것이지만
지혜로 풀어내지 못하는 것도 있다.
세상의 모든 것을 다 알 수는 없고
다 이해할 수도 없다.

하여 정죄하지 말고
쉽게 비난하지 말라.
해서 불평하지 말고
함부로 원망하지 말라.

죄 없이 망한 자가 누구인가? 정직한 자의 끊어짐이 어디 있는
가? Job 4:7

65. 전능자의 징계

가장 무거운 징계.
가장 두려운 형벌.
가장 위험한 시간.
가장 무서운 저주.

사는 것이 은혜요
먹는 것이 복이거늘
은혜를 모르고
감사가 없다.

말씀을 들어도
깨달음이 없고
대자연에 들어가도
감동이 없다.

눈을 감아도
계시가 없고
꿈을 꾸어도
잡히지 않는다.

비전을 봐도
일어서지지 않고

목표도 없고
열정도 사라진다.

편하고만 싶고
누워있고만 싶고
힘든 것은 피하고 싶고
도전하기를 싫어한다.

영원을 향하지 않고
현실에 만족하여
한발자국도 더 이상
앞으로 나가지 않는다.

사는 것이 재미가 없고
삶의 의미가 증발해 버린다.
그들은 더 이상 죽일 필요가 없다.
이미 죽어버린 것이기에…

하나님께 징계 받는 자에게는 복이 있나니 그런즉 너는 전능
자의 징계를 업신여기지 말라. Job 5:17

66. 화살

당신의 화살이 나에게 박혔습니다.
카오스의 시간 속에서
존재로 바꾸어진
태초의 생명성.

정신이 살아있어
역동적으로 꿈틀대며
역사의 변혁을 창조하는
아름다움의 운동성.

그때에 우리의
희망은 시작되었고
당신을 따라 나도
존재가 시작되었습니다.

당신의 화살을 그렇게 맞은 존재는
나밖에 없었습니다.
똑같은 것이 없는
유일성의 존재였습니다.

이제 나도 당신을 따라
하나의 존재가 되었습니다.

거기 그곳에 존재하는
하나밖에 없는 신비성.

사랑을 하게 되고
책임을 나누어지며
나 혼자의 독불이 아닌
당신과 함께하는 존재이기에

내가 당신의 곁에 있겠습니다.
당신의 화살을 내게 주셨으니
마지막 남은 피를 흘리며
당신 곁에 서 있겠습니다.

내가 당신에게 위로가 된다면
내가 당신의 친구가 되어
주어진 나의 길을
끝까지 걸어가겠습니다.

전능자의 화살이 내게 박히매 나의 영이 그 독을 마셨나니 하
나님의 두려움이 나를 엄습하여 치는 구나. Job 6:4

67. 책망

날선 심판을 토하는
옳은 말이 아니라
가만히 손을 잡아주는
사랑의 말을 기다린다.

편을 가르는
판단의 말이 아니라
사람들을 일어서게 하는
희망의 말을 원한다.

한마디 위로가
마음을 녹여내고
한마디 칭찬의 말이
살맛을 나게 한다.

세상이 그래서
살만한 것인가?
나 혼자 살아가는
그런 것은 아닐 것이다.

침묵할 줄 알고
기다릴 줄 알아야 한다.

조금만 기다리면
다시 일어설 수 있을 것이다.

누가 하늘 앞에서
떳떳할 수 있겠는가?
그저 머리를
숙일 수 있을 뿐.

머리를 드는 자가
하늘을 더럽힌다.
소리를 치는 자가
회개를 거부한다.

위로의 말이 상처를 치유하고
인정과 격려가 자존심을 세운다.
그것을 잃어버림은
모든 것을 잃는 것이다.

옳은 말이 어찌 그리 고통스러운고, 너희의 책망은 무엇을 책망함이냐? Job 6:25

68. 과녁

나를 맞추소서!
당신을 따르겠습니다.
내 안에 오소서!
당신과 하나가 되겠습니다.

날마다 피를 흘리며
당신 앞에 나아가겠습니다.
광야에 홀로 앉아
당신을 바라보겠습니다.

세상의 어떤 것에도
미련을 두지 않고
오로지 당신의
거룩한 산에 오르겠습니다.

그 외에는
마음을 두지 않겠습니다.
다 버리겠습니다.
아무것도 바라지 않습니다.

스물스물 피어오르는
욕망의 연기를 씻어내고

당신의 거룩한 불에
나를 사르겠습니다.

당신의 과녁에
나를 맞추어
사는 동안 순간마다
순례의 길을 걸어가겠습니다.

다만 당신의 곁에서
조금의 기쁨을 맛보겠습니다.
그것을 위해서만
주어진 하루를 살아가겠습니다.

당신을 바라보며
당신만을 향하여
한 걸음씩 한 걸음씩
발걸음을 옮겨놓겠습니다.

사람을 감찰하시는 이여, 내가 범죄하였든들 주께 무슨 해가
되오리이까? 어찌하여 나를 당신의 과녁으로 삼으셔서 내게
무거운 짐이 되게 하셨나이까? Job 7:20

69. 창대

처음부터 큰 것은 없다.
누구나 다 처음부터 시작하는 것.
모두 낯선 것이고
모두 두려운 것이다.

처음부터 정상은 없다.
쉽게 오른 것은
쉽게 떨어진다.
바닥부터 출발해야 한다.

가치를 모르는 자는
그것을 유지할 수 없다.
그렇게 되는 것은 오히려
자기를 파멸시킨다.

된 사람은
거짓을 거부한다.
준다고 다 받지 않고
있다고 다 먹지 않는다.

겸손하게
충성스레

불평하지 않고
맡은 일을 완성한다.

시험에 들지 않고
교만하지 않고
불의를 따라가지 않는다.
할 수 있는 거기까지만 감당한다.

주어진 일은 성실하게
맡겨진 일은 깔끔하게
예 할 것은 예라하고
아니요 할 것은 아니라 한다.

그러나 그 안에서는
모든 것이 예가 되나니
그 안에서는 아니라 함이 없다.
모든 것이 합력하여 선을 이룬다.

네 시작은 미약하였으나 네 나중은 심히 창대하리라. Job 8:7

70. 깨달음

혼자가 아니다.
그들과 함께한다.
생명에 둘러싸여
하나가 된다.

너 없이 내가 없고
나 없이 네가 없다.
언제나 같이 살아간다.
우리는 한 몸이다.

그 안에서
모든 것이 함께한다.
좋은 것도 없고
나쁜 것도 없다.

그의 손길이
아닌 것이 없고
그와 떨어져
멀어진 것이 없다.

그와 함께하니
언제나 행복이요

그의 손을 잡으니
모든 것이 기도이다.

자리에 앉으면
기도가 올라가고
일어서 걸으면
순례길이 펼쳐진다.

이것을 알지 못해
불행하게 느껴지고
이것을 보지 못해
의심에 떨어진다.

이대로 사라져도 좋다.
무엇이든 가져가도 좋다.
문제가 없으니
시험도 없다.

그가 내 앞으로 지나시나 내가 보지 못하며 그가 내 앞에서 움
직이시나 내가 깨닫지 못하느니라. Job 9:11

4 장

고난의 노래

71. 육신

영혼은 육신을 입고
세상에 태어난다.
몸이 없으면
영혼도 없다.

몸은 영을 통해
정신이 유지된다.
영혼이 없는 육신은
살아갈 이유가 없다.

영혼 없이
몸이 있을 수 없고
육신 없이 영혼만
존재할 수 없다.

육신의 눈으로 봄으로써
영혼의 세계가 존재하고
영혼의 눈으로 직시할 때
육신의 세계가 밝아진다.

하여 몸은
영혼의 복음이 되고

영혼은 육신의
구원이 된다.

육신이 있을 때
영혼이 유지되고
그 영혼을 통하여
육신이 존재한다.

영혼 없는 몸은
죽은 시체와 같고
육신 없는 영혼은
허깨비와 같다.

그림자와 같은
육신이 걸어간다.
삶의 영혼이 없는
하루를 살아간다.

주께서 육신의 눈이 있나이까? 주께서 사람처럼 보시나이까?
Job 10:4

72. 하늘

보이는 것이 있으면
보이지 않는 것이 있다.
내가 바라볼 곳과
내가 들어갈 곳.

끝없는 신비 속에
매일을 살아간다.
더 이상 오를 수 없고
더 이상 높을 수 없는

그 속에서 살아간다.
날마다 바라보면
언젠가 그곳에 올라
그와 함께 거하게 될 것.

조금 그 맛을 보며
그 기운을 느낀다는 것.
그것이 오늘 누리는
이곳의 기쁨이다.

하늘을 바라보며
미소를 지을 수 있다.

그와 함께 살아가니
부족함이 없다.

그 안에
모든 것이 있으니
오늘 주시는 것과
어제 주신 것을 꺼내온다.

새것이 어디 있고
옛것이 어디 있는가?
그 안에선 날마다 새날이고
그가 주신 낯선 날이다.

높은 세계에 올라
그와 함께하고
깊은 세계에 들어가
그와 하나가 된다.

73. 너희가 죽으면

너희가 역사의 주인이다.
너희가 깨어야 한다.
너희에 의해
역사는 일어난다.

너희의 권리를
아무에게나 맡겨서는 안 된다.
가진 자들에게 무릎을 꿇지 말고
높이 앉은 자들에게 엎드리지 말라.

다 허황된 것이다.
아무것도 없기에
마음이 공허하기에
괜히 위세를 부리는 것이다.

그것으로라도
자신을 드러내고 싶은 것이다.
그럴 듯한 옷을 입고
왕관을 쓰는 것이다.

가식의 옷을 벗고
진리를 입어야 한다.

아무도 너희를
겁박할 수 없다.

날마다 노예의 땅을
탈출해야 한다.
가난한 사람과
연합해야 한다.

손을 잡아야 한다.
눈을 부릅뜨고
일어서는 자들에게
그들도 어찌할 수 없다.

손을 잡아야 한다.
고기 조각을 거부해야 한다.
하늘의 뜻을 따라
길을 걸어야 한다.

너희만 참으로 백성이로구나. 너희가 죽으면 지혜도 죽겠구나.
Job 12:2

74. 경건한 자

세상의 눈을 감고
영혼의 눈을 떠서
고난의 길을 걸어가는
그를 바라보는 것.

고요히 두 손을 모아
그의 뜻을 묻는 것.
어디로 가시나이까?
어디로 가야하나이까?

무엇을 찾을 것인가?
나의 소원이 아니라
그의 소원을 생각하며
그와 함께 길을 걷는 것.

한걸음도 헛되지 않게
조심조심 길을 걸으며
가난하고 약한 생명의
손을 잡아주는 것.

문득 길을 걸어가다
조금 멈춰 서서

지나온 길을
돌이켜 보는 것.

날마다 자리에 앉아
자신을 바라보며
명상에 잠기는 것.
나는 지금 어디에 있는가?

쌓는 것보다
버릴 것을 생각하며
무엇을 입을 것인가 보다
벗을 것을 생각하는 것.

하늘에서 내려오는
계시의 한 조각을 붙잡고
그것을 마음에 품어
삶의 양식으로 만들어가는 것.

경건하지 않은 자는 그 앞에 이르지 못하나니 이것이 나의 구
원이 되리라. Job 13:16

75. 주머니

내 삶의 주머니.
모든 것을 감추어
때를 따라 필요한 것을
조금씩 열어 준다.

주머니를 열면
모든 것이 나온다.
더러운 것은 감추고
은혜만 내어보인다.

손을 넣어 따뜻하고
보이지 않아서 좋다.
아무것이나 주지 않고
잠깐씩 쉴 수도 있다.

어머니의 주머니는
끝이 보이지 않는다.
거기에서 생명이 나와
질긴 삶을 살아갈 수 있다.

아버지의 주머니는
인고로 가득 차 있다.

언제나 땀에 젖어 있고
가슴의 눈물이 담겨있다.

언젠가 나도
주머니가 되어야 한다.
사랑을 조금씩 나누어
희망을 심어야 한다.

욕망의 주머니가 아닌
광야를 걷는 자들에게 공급하는
생수의 주머니가 되어야 한다.
그들에게 생명을 주어야 한다.

밑이 터진 주머니는
하늘이 채워준다.
쓰레기로 가득 찬 주머니는
마침내 터져버리게 될 것이다.

주는 내 허물을 주머니에 봉하시고 내 죄악을 싸매시나이다.
Job 14:17

76. 사람의 희망

세상의 희망이 끝나는 그곳에서
하늘의 희망이 시작된다.
하여 우리는 거기에서
마지막에 도달하게 된다.

세상에 대해
절망을 시작할 때,
그때부터 하늘이
역사를 시작한다.

물은 흘러야 하고
돌은 닳아야 한다.
끊임없이 흘러가는 것.
그것이 존재하는 이유이다.

흐르기를 멈추는 그때
생명은 끝나게 된다.
어디까지 그를 따라
흘러가야 하는가?

흐르는 것이
그의 기도이고

닳는 것이
나의 소원이다.

나의 자리에서
순례의 기도를 드린다.
그 기도가 나를
구원할 것이다.

이것밖에
할 일이 없다.
생명은 *꺼져가고*
눈꺼풀은 들어간다.

이제 내가
돌아갈 때가 되었다.
세상에 눈을 감고
하늘에 눈을 떠야한다.

물은 돌을 닳게 하고 넘치는 물은 땅의 티끌을 씻어버리나이
다. 이와 같이 주께서는 사람의 희망을 끊으시나이다. Job 14:19

77. 위로

하나의 태양 아래
하나로 살아간다.
너의 집이 어디 있고
나의 집이 어디 있느냐?

같은 공기를 마시며
같은 숨을 쉬고 있다.
너의 나라는
다른 공기를 마시는가?

살면 같이 살고
죽으면 같이 죽는 것.
하나뿐인 하늘이 죽으면
너도 죽게 될 것이다.

너는 잘 살고 있으니
나에게 관심이 없다면
네가 죽어갈 때
나도 없게 될 것.

양심의 소리를
외면하지 말고

너만 잘 먹는 것을
부끄럽게 생각하라.

너의 부끄러움을 알았다면
그렇게 살지는 않았을 것.
모르는 것이
자랑은 아니다.

무지는 죄악이요
무감은 지옥이다.
타인을 느끼지 못하는 것이
어찌 스올이 아니겠느냐?

그런 세상을 거부한다.
태초에도 없었고
앞으로도 없게 될 것.
같이 죽으면 같이 살아날 것이다.

하나님의 위로와 은밀하게 하시는 말씀이 네게 작은 것이냐?
Job 15:11

78. 허무

그와 함께하니 부족함이 없네.
그와 함께 가니 두려움이 없네.
그 안에 모든 것 있으니
하늘의 부요함을 누리네.

세상의 길을 걷지 않고
세상의 뜻을 따르지 않네.
하늘의 진리를 따라
그의 길을 걸어가네.

하늘의 노래를 부르며
우주 속에서 살아가네.
허무한 것을 바라지 않고
그의 소리를 기다리네.

이 길을 걷지 않으면
살아갈 이유가 무엇인가?
그의 길을 걸어가니
날마다 충만하네.

부족함도 없고
넘치지도 않아.

모든 것이 거기까지
살아서 움직이네.

언제나 거기까지
걸어가면 족하고
언제나 여기까지
이루어가면 족한 것.

더 이상도 아니고
더 이하도 아닌
그만큼만 길을 걷고
그만큼만 이루어가네.

무의 노래를 부르고
초월의 노래를 받아쓰네.
모든 것이 길인 것이고
모든 것이 완성인 것이네.

그가 스스로 속아 허무한 것을 믿지 아니할 것은 허무한 것이
그의 보응이 될 것임이라. Job 15:31

79. 눈물

어차피 사라질 것이니
장렬하게 사라지는 것이다.
모든 것을 다 바쳐
자신을 불태우는 것이다.

한번 멋지게
살아보는 것이다.
끝없이 길을 걸어
마침내 이루는 것이다.

역사가 일어날 때까지
기도를 드리는 것이다.
주어진 자리에 앉아서
하늘을 움직이는 것이다.

그들은 그렇게 살라하라.
나는 이렇게 살아갈 것이다.
마음의 눈물이 강물이 되어
메마른 대지에 흐르게 될 것이다.

그렇게 흐르다보면 어느 날,
모두가 나에게로 나아와서

나와 같이 흐르게 될 것이다.
드디어 하늘이 무너져 내릴 것이다.

다만 그때까지
견디어 내는 것이다.
함께 손을 잡고
주어진 길을 걸어가는 것이다.

걸어야 산다.
걸어야 만난다.
걷다보면 어느 날,
하늘과 만나게 될 것이다.

그것을 붙들고 산다.
그것과 씨름하며 산다.
그것을 위해 하루의 밥을 먹고
그것을 위해 오늘의 숨을 쉰다.

나의 친구는 나를 조롱하고 내 눈은 하나님을 향하여 눈물을
흘리니. Job 16:20

80. 내 마음의 소원

너무 오래 살았습니다.
이제 때가 되었습니다.
나를 부르는
소리가 들립니다.

구차한 숨을 멈추고
무로 돌아가야 합니다.
모든 것을 버리고
귀의해야 합니다.

아무런 여한도 없고
어떤 미련도 없습니다.
더 이상 남은 것도 없고
해야 할 것도 없습니다.

당신이 계시는 그곳에서
조용히 머물겠습니다.
당신의 품안에서
기도를 드리겠습니다.

어떤 희망도 사라졌습니다.
처음부터 그런 것은

존재하지 않았습니다.
구름을 잡는 것이었습니다.

사랑이 아니고
의무가 되어버리면
살아가는 것이 아니라
껍질만 남는 것이오니

존재할 이유가 사라지고
한줌의 호흡만 남았습니다.
이제 모든 것을 마치고
정리할 때가 되었습니다.

그날을 허락하시고
선한 길로 인도하소서!
더 이상 나의 생명을
유지할 의미가 없습니다.

나의 날이 지나갔고 내 계획, 내 마음의 소원이 다 끊어졌구나.
Job 17:11

81. 불의한 자의 집

하늘의 뜻이 무엇인지,
도무지 관심이 없다.
그저 하루를 먹고 살고
자리에 누우면 그만이다.

사소한 일에 빠져
생명의 가치를 모른다.
그렇게 커다란 일은
나하고는 관계가 없다.

내 앞가림도 못하고 있는데
그것이 무슨 문제인가?
내가 먹어야
내 배가 부르다.

콩가루 집안이다.
서로 뿔뿔이 흩어져
서로 물고 먹으며
죽기 살기로 싸운다.

두 패로 갈라져
아귀다툼을 한다.

네가 죽어야
내가 사는 것.

하나 되게 하시는
하나님은 어디로 갔는가?
먹고 힘을 얻는 자가
모든 것을 가진다.

정의가 없으니
불의가 판을 친다.
공의가 사라지니
악의만 남아있다.

지금 존재의 의미가 없으니
살아갈 이유도 없다.
그때 벌써 죽어
지옥에서 살아간다.

참으로 불의한 자의 집은 이러하고 하나님을 알지 못하는 자
의 처소도 이러하니라. Job 18:21

82. 낯선

일생을 살아도
새삼 낯이 설다.
눈이 어디 있고
입이 어디 있나?

같이 밥을 먹어도
눈을 보지 않으며
함께 숨을 쉬어도
영원히 타인이다.

고개를 돌리니
마음이 보이지 않고
마음이 멀어지니
하나가 되지 못한다.

시간이 문제가 아니다.
마음 통하는 순간이 없으면
언제까지 타인으로 남는 것.
나는 지금 타인의 방에 있다.

각기 길을 걸어간다.
각자의 길이 다르니

목적이 다르고
여정이 각각이다.

이렇게 하여
하늘로 돌아간다.
세상이 좋으면
하늘이 멀어지는 것.

이것도 하늘의 뜻이다.
조용히 눈을 감고
자신을 바라보는 것.
거기에 내가 보인다.

이렇게 해서 우리는
하늘 사람이 되어간다.
이것도 하늘의 뜻이니
마음으로 받는다.

<hr>

나의 형제들이 나를 멀리 떠나게 하시니 나를 아는 모든 사람
이 내게 낯선 사람이 되었구나. Job 19:13

83. 밤의 환상

마음이 허전하니
헛것이 보이는 법.
사리가 명철하면
실상이 보이리라.

믿음이 없으니
지조가 흔들린다.
현상을 밝히 알면
든든히 서게 되리.

그렇게 살아감이
모두가 헛된 것이니
순간을 살더라도
충만을 추구하라.

눈을 감으면
하늘이 보이고
눈을 뜨게 되면
역사가 보이리니

환상을 쫓지 말고
실상을 찾아 가라.

흔들리지 말고
흐트러지지 말라.

거기에 그렇게 존재하고
여기에 이렇게 살아가라.
무엇을 위해 하루를 살아가는지,
너 자신을 물끄러미 살펴보라.

모두가 꿈이고
모두가 허상이니
사상누각을 세움이
헛되고 헛되리라.

아무것도 없고
마음만 있으니
마음이 없으면
너도 없으리라.

꿈 같이 지나가니 다시 찾을 수 없을 것이요 밤에 보이는 환상
처럼 사라지리라. Job 20:8

84. 하나님과

그만 우리를 떠나소서!
우리는 더 이상
하늘을 바라보지 않습니다.
지금 우린 여기에 있습니다.

잠깐이라도
순간이 영원과 이어지는
그것이 행복이고
그것이 목표입니다.

세상이라도 좋습니다.
지금 죽어도 좋고
여기에 머물러도 좋습니다.
조금만 맛보게 해주십시오.

눈부시게 떠오르는
태양을 바라보다가
눈이 멀어도 좋고
순간이라도 좋습니다.

그 한순간으로
일생을 살아갈 힘을 얻사오니

그것을 위해 오늘을 살아가며
여기에서 기도를 올립니다.

나의 모든 기도가 그것이며
모든 삶이 그것을 위함이니
나를 잡지 마소서!
여기에 두지 마소서!

안락을 떠나니
광야가 찾아오고
광야에 머무니
하늘이 밝아집니다.

이것이 운명이라면
기쁘게 맞이합니다.
이것이 인생이라면
당신을 기다립니다.

너는 하나님과 화목하고 평안하라. 그리하면 복이 네게 임하리
라. Job 22:21

85. 그의 처소

내 삶이 목말라
더 이상 걸어갈 수 없었을 때,
거기에서 나는 당신을 뵈었습니다.
한 발자국도 앞으로 나갈 수 없었습니다.

턱밑까지 차오르는
가쁜 숨을 몰아쉬며
마지막 정상에 올랐을 때,
당신은 거기에 계셨습니다.

더 이상 바라볼 곳도 없고
더 이상 하고 싶은 것도 없는
가장 높은 초월의 세계.
세상의 모든 것이 먼지와 같았습니다.

나는 무릎을 꿇고
경배를 드렸습니다.
적어도 그 정도는
되어야 되었습니다.

인간의 모든 노력이 끝나고
모든 것이 무로 돌아가는

가장 깊은 존재의 심연.
당신은 거기에 있었습니다.

나는 당신이 그리워
내려올 수가 없었습니다.
당신과 함께하니
하루가 천년이었습니다.

당신이 그리울 때마다
이제 찾아갈 곳이 생겼습니다.
거기에 올라 당신을 뵈오면
메마른 가슴에 생수가 흘렀습니다.

그때부터 내 영혼은
거기에서 살았습니다.
당신과 하나가 되니
혼자가 아니었습니다.

내가 어찌하면 하나님을 발견하고 그의 처소에 나아가랴. Job
23:3

86. 순금 같이

매일 햇빛을 가리지 않고
온 몸으로 받으면
저렇게 알맞게 익는다.
세상에서 가장 아름다운 색깔.

하늘에서 내리는 햇빛은
가릴 것이 아니라
그냥 몸으로 받는 것이다.
왜 하늘의 은혜를 거부하는가?

그것이 너의 아름다움인가?
하늘 아래에서
낯이 설어
하얗게 되는 것.

정직하게 땀 흘려 일하고
땅의 소산을 거두어
기쁨으로 노래하며
그 생명을 먹는다.

그것이 우리가 걸어가야 하는
주어진 삶의 길이다.

무엇을 위해
오늘을 사는가?

날마다 하늘을 바라보며
하루를 살아간다.
그들의 삶이며
그들의 얼굴이다.

자리에 앉아
손톱을 다듬는 것이 아니라
길을 걸어가며
마음을 다듬는다.

과정이 있어야
결과가 나오는 것.
너의 걸어가는 그 길을
나에게 말해 달라.

내가 가는 길을 그가 아시나니 그가 나를 단련하신 후에는 내
가 순금같이 되어 나오리라. Job 23:10

87. 그늘

아침마다 죽지 아니하면
또 다른
지루한 삶이 펼쳐진다.
죽음의 그늘이다.

오늘 또 다른 하루가 죽어간다.
매일 죽어가고
매일 살아나는
저주의 순환.

그것에서 벗어나지 못하면
영원히 거기에서
이를 갈며
후회하게 될 것.

차라리 사라지는 것이 좋다.
산다고 사는 것이 아니고
죽는다고
나쁜 것도 아니다.

음산한 겨울 안개 속에서
날마다 이어지는

축축한 삶이라면
지금 죽은들 무엇이 아쉬운가?

깨끗한 아쉬움이 있고
더러운 연명이 있다.
깔끔하게 끝내는 것이
내 삶의 마지막이다.

하루를 살더라도
진정으로 살고 싶다.
하늘의 뜻을 따라
아름답게 마치고 싶다.

그것이 내가 걸어가는 길이고
내가 하루를 살아가는
나의 마지막 여정일 것.
이제 아침 해가 떠오를 것이다.

그들은 아침을 죽음의 그늘 같이 여기니 죽음의 그늘의 두려
움을 앎이니라. Job 24:17

88. 나의 생애

그렇게 한번은 꽃을 피우고 싶었다.
길을 걸어가다 하늘까지 이르러
하늘과 통하는
한 편의 계시를 남기는 것.

자리에 앉아
침묵 속에 들어가
영원의 시간과 이어지는
그 한순간을 얻는 것.

하늘의 바람을 타고 올라가
세상을 자유로 주유하는
그런 삶을 한번
살아보는 것.

세상에는 아무런 소망이 없었다.
언제까지 허공만 잡을 것인가?
원래 그것이 예언자가 걸어가는
그 길이 아니었던가?

마음의 뜻을 풀어
주어진 사다리를 타고

하늘의 계시를 형상화하여
사람들에게 환상을 주는 것.

그것은 나에게 주어진 삶의 소명이었다.
하늘의 뜻을 깨달아
하늘의 이름을 부르며
영성의 그릇을 키우는 것.

나는 태양만 뜨면 좋았다.
그것이 나의 밥이었고
나의 삶을 살아가는
한줌의 힘이었다.

이제 나에게 남은 것은
생명의 꽃을 피우는 그것뿐.
그것은 나에게 주어진 숙명이었고
나에게 주어진 하늘의 뜻이었다.

89. 번성

세상의 번성은
하늘의 축소이다.
내가 흥하여
하늘이 쇠하는가?

내가 번성하여
세상의 칼이 커진다면
내가 쇠하여야
평화가 자라리라.

처음부터 나는
세상의 밥이 아니라
하늘의 밥이 그리웠다.
세상은 나에게 아무것도 아니었다.

그런 사람들이
함께 모여야 한다.
모이면 힘이 되고
모이면 역사가 되니

악인의 모임은
파당이 되지만

의인의 모임은
선한 힘이 된다.

강물은 흘러야 한다.
흐르다 보면
땅이 생기고
나라가 일어나는 법.

하여 나의 기도는
번성이 아니라
흘러감이며
내려놓음이다.

영성의 칼로 자신을 자르고
하늘의 칼로 자아를 자르라.
세상의 칼을 쓰는 자는 멸망으로 가지만
수행의 칼을 쓰는 자는 생명으로 가리라.

그의 자손은 번성하여 칼을 위함이요 그의 후손은 음식물로
배부르지 못할 것이며. Job 27:14

90. 명철

세상을 다 알아도
생명을 알지 못한다면
무슨 유익이 남아있겠는가?
그 존재가 악을 낳을 뿐이다.

먹고 살아감이
삶의 목표가 아니라
하늘의 뜻을 이룸이
삶의 목적인 것이니

하여 날마다
나는 자리에 앉아
하늘을 바라보며
그의 뜻을 찾는다.

그의 뜻이 없으면
움직이지 않고
그의 인도가 아니면
입을 열지 않으리니

이것이 내가
입을 닫고 침묵하는 것이며

이것이 내가 기도를 드리는
삶의 이유인 것이다.

하루를 살더라도
올바로 살고
순간을 쉬더라도
하늘의 숨을 마신다.

오늘도 하루가 지나고
나는 자리에 앉아
그의 계시를 기다리며
그의 충만을 소원한다.

그 앞에 엎드림이 지혜요
악을 떠나니 삶이 명료하다.
통하여 시원하니 하늘로 올라가고
깨달아 내려가니 마음이 편안하다.

보라, 주를 경외함이 지혜요 악을 떠남이 명철이니라. Job 28:28

91. 미소

이것을 기다렸다.
모든 것을 깨달아
고요히 하늘로 들어가는
그 순간을 기도했다.

이것이 내가
그토록 오래 앉아
그 앞에 기도를 드리는
한 가지 이유인 것.

어떠한 감정에도
흔들리지 않는 것이
미소를 지을 수 있는
마지막 비결이다.

세상의 흥망성쇠란
다 무엇이던가?
하늘의 뜻대로 걸어가면
아무런 흔들림이 없을 터.

그 뜻을 잃어버릴 때부터
고통이 시작되었고

낙원을 잃어버리게
되지 않았던가?

가슴에 하늘의 뜻을 품고
주어진 소명의 길을 걸어간다면
모든 뜻을 다 이루고 마지막에
웃음을 지을 수 있으리라.

그것이 나의 면류관이고
나의 땅으로 돌아가는
하늘의 열쇠가 될 것이다.
이제 그것을 허락하라.

문을 열라.
이제 때가 되었고
마침내 삶을 마치는
도상에 설 것이다.

그들이 의지 없을 때에 내가 미소하면 그들이 나의 얼굴빛을
무색하게 아니하였느니라. Job 29:24

92. 애곡

무엇을 위해 울 것인가?
수많은 시간이 흐르고
그토록 오래
자리에 앉았건만

하늘은 막히고
계시는 그치고
세상은 짙은 안개로
앞이 보이지 않는다.

고난은 그치지 않고
아픔은 두껍게 쌓이니
돌아갈 날은 머지않은데
이룬 것은 하나도 없다.

이것이 마지막이라면
세상을 잘 못 살았다.
순간이 모여
영원이 되는 것인데

무엇이 보이는가?
나는 그 문에 서있다.

하늘로 통하는 계단인가?
고통으로 떨어지는 나락인가?

지금까지 나는
그날을 기다려왔다.
모든 것을 마치고
완성을 이루게 될 날.

한 줄기,
하늘의 노래가 들려온다.
나를 부르는
그리운 음성.

한 번도 들어보지 못한
그 소리를 내고 싶었다.
모든 것을 깨달은
영혼의 소리.

내 수금은 통곡이 되었고 내 피리는 애곡이 되었구나. Job 30:31

93. 눈과의 약속

이제 결단이 필요하다.
눈을 세상에서 돌려
하늘로 향해야 한다.
그에 집중해야 한다.

더 이상
헤매고 싶지 않다.
세상의 것을 찾아서
그것에 빠져서는 안 된다.

마음을 굳게 먹어야 한다.
모든 것을 버리고
눈을 감아야 한다.
정신을 차려야 한다.

하늘로 향해
얼굴을 돌려야 한다.
하늘만 바라보며
길을 걸어야 한다.

하늘의 세계로
들어가야 한다.

세상의 정을
끊어야 한다.

때가 되면
숨을 멈춰야 한다.
더러운 마음을 남겨
무엇을 하려는가?

사람이 세상에 태어나서
무엇을 이루어야 하는가?
어디에 일생의
완성이 있는가?

생각을 돌려야 한다.
바라보지 않아야 한다.
거룩한 곳만
바라보아야 한다.

94. 외면

언제나 나는
최선을 다하고 싶었다.
한번 뿐인 삶을
그냥 보내고 싶지 않았다.

세월을 죽이며
욕망의 탑을 높이 쌓는
그런 일은 버리고 싶었다.
단번에 끊어버려야 했다.

되풀이되는 삶을 끊고
하늘의 세계에 올라
초월의 경지를
이루고 싶었다.

이것이 내가 그토록
오래 자리에 앉아
하늘에 기도를 드리는
그 한 가지 이유였다.

그것이 바로
내 자신을 일으켜

순례의 길을 걸어가는
내 삶의 여정이었다.

그러나 그럼에도
때때로 가슴에 사무치는
그 공허를 씻지 못하였다.
진리로 통하는 삶을 깨달아야 했다.

그것만 하면 되는 것이었다.
눈앞에 주어진 삶에
마음을 다하면
나머지는 하늘이 하는 것이었다.

적어도 하늘이 할 일은
남겨야 되는 것이었다.
미련도 없고 아쉬움도 없는
충만한 삶을 살고 싶었다.

내가 언제 가난한 자의 소원을 막았거나 과부의 눈으로 하여
금 실망하게 하였던가. Job 31:16

95. 그침

나를 바로 보지 않고
내 말을 듣지 않는다고
그에게 불평할 필요는 없다.
그는 몸으로 말을 하고 있는 것이다.

무의식의 말을
들을 줄 알아야 한다.
그것은 침묵 속에서
그를 받아들이는 것이다.

그의 입을 바라보며
그의 말을 들을 필요는 없다.
진정으로 중요한 것은
그의 마음을 듣는 것이다.

그는 많은 생각을 하고 있다.
그가 오는 것은
그의 무의식이 오는 것이고
그가 살아온 삶이 오는 것이다.

그냥 그의 무의식에
나를 던지면 된다.

나머지는 그가
알아서 할 것이다.

그는 그런 자유가 있고
자신의 선택을 하는 것이다.
그것은 들음에 대한
우리의 공부인 것.

소리를 들을 줄 아는 자는
인생을 알게 될 것이고
그가 걸어가는 삶을
이해하게 될 것이다.

사람은 자기가 상상하는
그 모습대로 될 것이고
사람은 자기 상상한
바로 그 사람인 것이다.

욥이 자신을 의인으로 여기므로 그 세 사람이 말을 그치니. Job
32:1

96. 논쟁

하늘 아래
낡은 것은 없다.
다만 자기의 눈이 가리어져
새로운 것을 보지 못할 뿐이다.

모든 것은 처음이다.
똑같은 것은 없다.
날마다 변화하고
날마다 새롭다.

처음의 눈을 가져야 한다.
언제나 처음 만나는 것이다.
그런 것은 없고
그럴 것도 없다.

누구나 가능성을 가지고 있다.
반복은 없고
틀림도 없다.
다만 조금 다른 것일 뿐.

사랑이라면
모든 것이 아름답고

그 눈이 열리면
모두가 예술이다.

그러니 대충 보지 말고
자세히 보아야 한다.
마음의 눈으로
깊이 간직해야 한다.

무엇을 배웠느냐가 아니라
무슨 질문을 하였느냐이다.
순간의 깨달음은 없다.
다만 질문이 있을 뿐.

하늘의 대답은 없다.
모두 자기가 대답하는 것.
모든 질문의 대답은
자기 안에 있는 것.

97. 무익

나를 밖에서 찾지 말라.
나는 너희 안에 있다.
너희가 나이고
내가 너희이니

나를 찾는다고
위를 바라보지 말라.
나는 네가 가리키는
바로 그 손가락이다.

없는 듯 있고
있는 듯 없으니
나를 찾는 자는
도상에서 만나리라.

그것이 너희의 행복인가?
그것은 행복의 문제가 아니라
구원의 문제이고
영원의 문제이다.

나를 기쁘게 할 수는 없다.
나는 기쁘게 하는 존재가 아니라

너희 안에 녹아지는
거룩한 신성인 것이니

사라짐도 없고
존재함도 없으며
없는 곳이 없고
있는 곳도 없으리라.

나에게 영광을 돌리지 말고
너희가 하나가 되라.
나는 하나 되게 하는
상생과 연대의 힘이니

거기에 희망이 있으리라.
내 앞에 무릎을 꿇지 말고
나를 향해 엎드리지 말라.
너의 자리에서 나의 뜻을 따르라.

217

98. 시험

우리에게 주어지는
마지막 한계는 없다.
다만 거기까지
최선을 다하는 것.

과도한 것도 없고
부족한 것도 없다.
처음 하는 것처럼
전력을 다하는 것이다.

항복은 마음에서 하는 것이고
마음에서 실행하면
그것이 넘지 못할
제한이 된다.

우리가 견디지 못할
그런 시험은 없다.
감당 못할 시험은
허락하지 않으신다.

마지막 한계를 넘기면
그때부터 가능성이 시작된다.

종착점을 넘으면
새로운 길이 열리는 것.

그러니 마지막에 가까워졌는가?
너의 마음을 열라.
거기까지 걸어가라.
거기까지 시도하라.

처음부터 시험은 없는 것.
다만 하다가
깨달음이 오고
기적을 체험하게 된다.

그 시험을 통과하면
영광의 면류관을 얻으리니
나의 사랑이여, 오라.
내 너를 맞이하리라.

나는 욥이 끝까지 시험받기를 원하노니 이는 그 대답이 악인
과 같음이라. Job 34:36

99. 그대의 의

자랑할 것이 없다.
그 정도는 누구나 할 수 있다.
예측하지 못하게
다르게 해야 한다.

거기에서
역사가 일어난다.
사람은 자기가
보고 싶은 것만 본다.

예기치 못한 행동은
새로운 결과를 일으킨다.
똑같이 그대로
행동해서는 안 된다.

그것은 어제도 있었던 것이고
오늘도 있을 것이다.
그런 정도는
세상에 있을 필요가 없다.

다른 방식으로 행동하면
지각변동이 일어난다.

그것이 바로
우리의 혁명이다.

똑같이 하는 것은
똑같은 결과만 가져온다.
모든 눈송이는
똑같지 않다.

약간 비틀면
변화가 일어난다.
그 변화로
충돌이 일어난다.

하여 우리에게는
용기가 필요하다.
용기 있는 자여,
그대가 세상을 얻으리라.

그대의 악은 그대와 같은 사람에게나 있는 것이요 그대의 공
의는 어떤 인생에게도 있느니라. Job 35:8

100. 곤고

짙은 어둠 속에서만이
빛을 그리워한다.
밝음과 어둠,
무엇이 희망인가?

가장 어두울 때,
새벽이 가까이 있는 것.
우리는 거기에서
소리를 들을 수 있다.

가장 깊은 아픔이
우리의 귀를 연다.
그렇다면 그것은
축복인가, 저주인가?

그 속에서 우리는,
마음이 열리게 된다.
하늘의 소리를 듣고
그 앞에 엎드린다.

그것을 모르는 자는
아직 진리의 중심,

바깥 언저리에서
배회하고 있는 것.

내가 거기에 있으니
희망의 눈을 들어
감사의 기도를 드린다.
여기에 있음이 감사이다.

가장 큰 고난 속에서도
언젠가 해가 뜰 것이다.
그것을 알기에
오늘을 견디어내는 것.

이것이 우리의 믿음이라면
나에게 그 믿음을 주소서!
나의 기도를 그치지 않고
날마다 행동하겠나이다.

하나님은 곤고한 자를 그 곤고에서 구원하시며 학대당할 즈음
에 그의 귀를 여시나니. Job 36:15

101. 가만히

가만히 오라.
너의 발걸음을
내가 기다리고 있다.
내 안으로 들어오라.

귀를 기울이라.
캄캄한 광야를 뚫고
역사에서 솟아오르는
나의 소리를 들으라.

너의 소리를 멈추고
가벼운 입을 닫고
앞을 바라보며
조용히 오라.

멈추어 설 때만이
움직임을 볼 수 있고
너의 입을 닫아야
소리를 들을 수 있으니

가볍게 움직이지 말고
조심조심 신중하게

한 번도 보지 못한 듯
발걸음을 내딛으라.

처음 듣는 것처럼 나의 소리를 들으며
처음 보는 것처럼 나의 역사를 보라.
너의 어두운 눈을 버리고
너의 닫힌 귀를 열라.

내가 닫은 것이 아니라
네가 닫았으며
내가 덮은 것이 아니라
네가 덮었으니

누더기를 버리고
새 옷을 입으라.
그 거룩한 일을
날마다 반복하라.

욥이여, 이것을 듣고 가만히 서서 하나님의 오묘한 일을 깨달
으라. Job 37:14

102. 폭풍

항상 나에게는
그렇게 말씀하셨다.
짙은 어둠을
뚫고 나타나셨다.

그냥 말씀하신 적은 없었다.
무언가 역사가 있어야 했다.
그렇게 쉽게 하늘이
열리지는 않았다.

나는 그것을
바란 것은 아니다.
마지막 한계를 넘어
정상에 올라야 했다.

그때까지 견뎌내야 했다.
그때까지 기다려야 했다.
마음을 모아
그를 바라보았다.

언제나 마음을 모으면
역사가 일어났다.

그것이 없다면
무엇을 기다리겠는가?

두 가지 선택이 있었다.
무에서 기다리는 것과
진리의 화두를 잡고
자리에 앉는 것.

계시를 받기 위해서는
언제나 깨어 있어야 했다.
나는 그것이 좋았다.
그것이 희망이었다.

깊은 밤에 일어나
그를 기다리는 것.
기다리는 것은
나의 일이었다.

그때에 여호와께서 폭풍우 가운데에서 욥에게 말씀하여 이르
시되. Job 38:1

103. 풀라

막힌 것도 없고
거칠 것도 없다.
그가 바람이니
나도 바람이다.

걱정도 없고
두려움도 없다.
그가 정상이니
나는 투영이다.

그를 비추면 된다.
내가 하는 것이 아닌
그가 하는 것을
따르면 된다.

그가 지었으니
나도 하고
그가 말하시니
나는 듣는다.

그가 걸으시니
나도 옮겨가고

그가 머무시니
나도 안식한다.

지극히 평안하고
지고의 입멸이다.
열반의 세계가
나의 것이다.

나는 거기에 있다.
너는 어디에 있는가?
너의 주소를 밝히라.
나도 말하리라.

있어도 없고
없어도 있는 것.
원래 그러하니
나, 거기에서 살리라.

누가 들나귀를 놓아 자유롭게 하였느냐? 누가 빠른 나귀의 매
인 것을 풀었느냐? Job 39:5

104. 비천

내가 비천하니
하늘에 오르고
내가 비구하니
입을 가린다.

아무것도
말할 것이 없다.
그저 자리에 앉아
하늘을 바라볼 뿐.

하늘엔 별로 가득하다.
세상이 너무 밝고
다만 나의 눈이 가려
그것이 보이지 않는 것.

눈이 열리면
세계가 보인다.
원래 태초부터
그러했던 것이다.

세상이 문제가 아니라
내가 문제이고

밤이 어두운 게 아니라
내가 밤이라면

해법은 아주 간단하다.
거기에서 시작하면
지금이 극락이고
날마다 천국이니

노래를 부르지 않을 수 없고
기도를 드리지 않을 수 없다.
한 일이 그것이고
할 일이 그것이다.

미소를 짓자.
하늘에 오르자.
거기에 기리 앉아
평화를 이루어가자.

보소서! 나는 비천하오니 무엇이라 주께 대답하리이까? 내 입
을 가릴 뿐이로소이다. Job 40:4

105. 리 워 야단

괴물과 싸우면
괴물이 된다.
피를 뒤집어쓴
악귀가 된다.

입을 열면 열수록
메기가 된다.
닥치는 대로 삼켜
배불뚝이가 된다.

수치를 모르면
철면피가 된다.
얼굴에 철판을 깔고
배때기를 들이댄다.

자신을 돌아보지 않으면
금수가 된다.
무엇을 하는지도 모르는
원숭이가 된다.

거룩함을 모르면
벌레가 된다.

고개를 처박고
피만 빨아댄다.

길을 걷지 않으면
무덤이 된다.
뼈다귀로 가득한
회칠한 무덤.

자신만 바라보면
광인이 된다.
이웃은 보이지 않고
모두가 원수이다.

욕심을 버리지 않으면
속물이 된다.
소유를 위해
생명을 소진한다.

106. 나의 눈으로

귀로 들어
믿음이 생기고
눈으로 보아
역사가 일어난다면

나의 눈으로 보아야 한다.
헛된 것을 멀리하고
하늘이 보여주는
진실을 보아야 한다.

눈을 열어
실상을 보고
역사를 일으키는
환상을 본다.

한번 본 것은
뇌리에 남고
계속해서 보면
잔상이 생긴다.

하여 악한 것에는
눈을 감고

선한 것에는
시선을 멈춘다.

보아도
보이지 않고
들어도 듣지 못한다면
살아도 살지 못한 것이니

숨을 쉬어도
시체일 뿐.
살았다는 말은 하나
실상은 죽은 것이다.

보아야 한다.
살아야 한다.
하늘의 계시를 따라
길을 걸어야 한다.

내가 주께 대하여 귀로 듣기만 하였사오나 이제는 눈으로 주
를 뵈옵나이다. Job 42:5

107. 기도 후에

나는 기도하는 사람.
기도 외에는
어떤 다른 것에도
희망을 두지 않는다.

오로지 자리에 앉아
하늘을 바라보며
나의 소원을 올린다.
이것이 나의 일이다.

하늘의 역사를 일으키고
사람의 마음을 움직이는
가장 아름다운
은혜의 바다.

나는 그 안에서 살아간다.
더 이상 아무것도
할 일이 없다.
더 큰 일이 없다.

거부가 아니라
하늘의 뜻에 대한 순종이며

저항이 아니라
마음의 수용이다.

처음부터
마지막까지
내가 붙들 것을
인도하심이니

그 뜻대로 살아간다.
그 뜻을 이루기 위해
그의 성소에서
무릎을 꿇는다.

이것이었다.
불평이 아니고
불만이 아닌
감사의 역사이다.

욥이 그의 친구들을 위하여 기도할 때, 여호와께서 욥의 곤경
을 돌이키시고 여호와께서 욥에게 이전 모두 소유보다 갑절이
나 주신지라. Job 42:10

5 장

함께 가자

108. 전도자

욕망을 찾아
순간의 감정에 휘둘리고
뱃속 아래에서
뜨거운 기운이 솟아올랐다.

성공이란 것이
하늘의 뜻을 이루는 것이라면
그런대로
봐줄 만은 했을 것.

이제 시대는
재물의 소유가 아닌
지식과 진보의 공유가
구원의 희망이다.

쾌락의 추구는
중독의 탐닉을 낳고
어둠의 관음은
인생의 파멸을 가져온다.

무엇을 위한 건강인가?
오래 삶이 아니라

바른 삶이
문제일 것이다.

이제 나에게 남은 것은 없다.
무로 돌아가는 것이다.
없는 듯 있고
있는 듯 없는 삶.

지금이라도
깨달음을 찾아
새로 시작해야 한다.
살아있는 정신이다.

자리에 앉아
하늘로 들어간다.
그의 뜻을 찾아
영원을 향한다.

전도자가 이르되 헛되고 헛되며 헛되고 헛되니 모든 것이 헛
되도다. Ecclesiastes 1:2

109. 피곤

해봤자
별 볼일도 없고
별 재미도 없다고
다들 그러더라고.

그리고 나도
여러 번 해보았는데
밑 빠진 독에
물 붓기더라고.

끝이 없이
공허하고
허전하고
쓸쓸하고

충만한 게 없더라고.
별스런 일도 없고
조금 해보면
지루하더라고.

주어진 길을 걸으며
끝없이 길을 걷다보면

도반도 만나고
쏠쏠한 재미도 생기더라고.

그것 외엔
할 만한 것이나
의미 있는 일이
별로 없더라고.

보아도 그렇고
들어도 그렇고
모두 나하고는
별 상관이 없더라고.

천둥이 울리고
하늘이 열리는
그런 영혼의 일이
기다려지더라고.

모든 만물이 피곤하다는 것을 사람이 말로 다 말할 수는 없나
니 눈은 보아도 족함이 없고 귀는 들어도 가득차지 아니하도
다. Ecclesiastes 1:8

110. 수고

무엇을 위해서
수고를 할 것인가?
목구멍인가?
숨구멍인가?

목구멍이 열리면
똥이 나오지만
숨구멍이 열리면
진리가 나온다.

목구멍으로
밥이 들어가듯
숨구멍으로
진리가 들어간다.

밥만 먹지 않고
진리를 먹으며
수행이 일상이 되어
하늘의 뜻을 이룬다.

목구멍과
숨구멍이 합일하면

생명의 육신이 되어
거룩한 삶을 완성하니

헛된 수고를 버리고
영생의 수고를 한다.
생명의 책에 길이 남을
하늘의 역사를 이룬다.

마음과 뜻을 모아
진리의 길을 걷는다.
하늘을 향하여
산 기도를 올린다.

마지막 길을 완성하기 위해
일상의 숨을 멈추고
모든 것이 처음인 듯
다시 새롭게 시작한다.

마음을 다하며 지혜를 써서 하늘 아래에서 행하는 모든 일을
연구하며 살핀즉 이는 괴로운 것이니 하나님이 인생들에게 주
사 수고하게 하신 것이라. Ecclesiastes 1:13

111. 번뇌

사람에 대해서는 눈을 감자.
그들을 바라보지 말자.
어차피 거기에는
희망이 없다.

소유에 집착하지 말고
비교심에 빠지지 말자.
삶의 번뇌가
거기에 있다.

자신을 바라보자.
내 안에
해탈과 평정의
모든 열쇠가 있다.

영혼의 노래를 부르자.
그와 하나가 되자.
거기에서 울리는
하늘의 소리를 얻자.

언제나 웃음을 짓자.
나를 보고

미소를 지으면
세상도 미소를 지을 것.

사람을 보지 말고
외면을 보지 말자.
그 안에 내재한
신성을 보자.

사람의 인정을 구하지 말자.
하늘과 하나가 되면
천지가 내 것이고
내가 그 안에 있으리니

얻으려 하지 말고
버리려 하자.
더하려 하지 말고
빼려 하자.

지혜가 많으면 번뇌도 많으니 지식을 더하는 자는 근심도 더
하느니라. Ecclesiastes 1;18

112. 바람

손에 잡을 수 없고
품에 안을 수 없는
하늘의 바람.
세상의 마음.

생각에 잡을 수 없고
욕망에 가둘 수 없는
나는 바람.
자유의 마음.

더 이상 헛된 일을
하지 않아야 한다.
날마다 길을
떠나야 한다.

내가 가야 할 길.
내가 마쳐야 할 길.
하늘을 향해
걸어야 한다.

이것밖에
할 일이 없다.

나에게 남은 것은
아무것도 없다.

이것을 알기까지
얼마나 긴 세월을 걸어왔는가?
두 개의 발자국에
나의 흔적이 있다.

그것도 은혜의 길이다.
은혜가 아니라면
아무것도 볼 수 없고
무엇도 할 수가 없다.

다시 시작한다.
피를 흘리며
그가 걸었던 길을
나도 걸어야 한다.

113. 헛 됨

거기에서부터 시작한다.
깨어져가는 지구에서
아무런 부끄럼도 없이
배를 두드리는 사람들.

어디로 가는지도 모르고
떨어지는 배에서
풍악을 울리는
기름진 사람들.

하여 그의 눈은
언제나 축축하다.
눈물로 짓물러
마를 날이 없다.

아무런 느낌도 없이
세상에 눈을 감고
자기 혼자만 아는
미소를 짓는 사람들.

그들을 바라보는 눈은
분노로 일그러지고

군상을 바라보는 눈은
슬픔으로 가득 차 있다.

눈을 감을 수밖에 없다.
눈을 뜨고는
한순간도
살아갈 수가 없다.

그들의 마지막은
어떠할 것인가?
이것이 삶의 연속이라면
세상은 너무 불공평하다.

그날을 기다린다.
슬픔이 폭발하여
분노를 일으키고
천지개벽이 일어나는 날.

---

114. 하나님의 손에서

새벽에 일어나
자리에 앉는다.
나의 시간이며
하늘의 시간이다.

눈을 감으면
하늘로 들어간다.
영원과 이어지는
마음의 사다리.

나는 날마다
하늘을 마시며
말씀을 마신다.
이보다 더 좋은 것은 없다.

그 무엇과도 바꿀 수 없다.
이것이 지금까지
내가 살아있는
한 가지 이유이다.

그 시간에
거기에 있다.

최선을 다하여
존재에 충실한다.

어디에 있든
자리에 앉으면
하늘의 품에 안긴다.
그때 난 하늘이 된다.

정적과 침묵.
이것을 모르면
참 존재의 너머
하늘을 모르는 것.

주어진 것에 감사하며
그때 거기에 존재한다.
하루의 진리를 먹으며
날마다 하늘을 향한다.

사람이 먹고 마시며 수고하는 것보다 그의 마음을 더 기쁘게
하는 것은 없나니 내가 이것도 본즉 하나님의 손에서 나오는
것이로다. Ecclesiastes 2:24

115. 기한

목표를 정하고
하루의 길을 걷는다면
언제나 나의 때가 된다.
뒤로 물러설 수가 없다.

천천히 걸으면 된다.
호흡이 흐트러지지 않고
길을 멈추지 않는다.
끝없이 걸음을 옮긴다.

마지막엔
걸음의 숫자를 센다.
아무리 힘든 길이라도
삼천 걸음을 넘기지 않는다.

세상의 모든 것이
별거 아니다.
마지막 한계를 넘기면
그때 희열이 찾아온다.

계속해서 반복하다보면
하늘이 열릴 때가 있다.

마침내 길이 열리게 된다.
더 이상 올라갈 곳이 없다.

가본 자만이 알고
해본 자만이 안다.
거기에 모든 문제의
마지막이 있다.

길을 걸어가는 자는
목표에 도달하게 되고
한계를 넘어가는 자는
끝을 이루게 된다.

한 발자국 한 발자국
그의 발걸음을 따라
길을 걷는 것이다.
이것이 나의 삶이다.

범사에 기한이 있고 천하만사가 다 때가 있나니. Ecclesiastes 3:1

116. 영 원

먹고 사는 것이
전부가 아닙니다.
영원을 향해
길을 떠납니다.

그렇게 살아갈 바에야
시작을 하지 않았습니다.
지금이라도
마침표를 찍겠습니다.

아무런 미련이 없고
어떤 여한도 없습니다.
당신이 계신 곳을 향해
앞으로 나아갑니다.

어디에 당신이 있나요?
당신의 신성을 찾아갑니다.
존재의 의미를 추구하고
삶의 가치를 되새깁니다.

이것이 삶이었습니다.
이것을 위해

하늘과 땅은 시작되었고
우주의 틈은 벌어졌습니다.

그 틈 사이로
내가 던져졌고
나는 여기에서
생명이 되었습니다.

삶의 명령은 무엇인가요?
나는 무엇을 위해
긴 숨을 몰아쉬며
걸음을 옮겨왔나요?

오늘도 그 속에서
하루를 시작합니다.
빛을 바라보며
새 날을 열어갑니다.

하나님을 모든 것을 지으시되 때를 따라 아름답게 하셨
고 또 사람들에게는 영원을 사모하는 마음을 주셨느니라.
Ecclesiastes 3:11

117. 세 겹줄

한 사람이라면
먼저 뜻을 세워야 한다.
그리고 때를 기다리며
자신을 준비해야 한다.

있어도 좋고
없어도 좋다.
자신이 준비되면
사람은 모여든다.

두 사람이라면
뜻을 모아
손을 부여잡고
길을 걸어야 한다.

목표를 세우고
일을 시작하면
하늘이 움직인다.
될 때까지 계속한다.

천하를 논하기 위해서는
세 사람은 있어야 한다.

그들이 목숨을 걸고 나가면
무엇이든 못하겠는가?

잘난 척 하지 않고
자신을 낮추며
상대를 인정하고
기를 세워줘야 한다.

누구나 자기만의 길이 있고
천부의 기운을 가지고 있다.
그의 기를 꺾으면
그를 죽이는 것이다.

하나가 되라.
나누어지지 말라.
상생의 길을 걸으라.
그것이 생명과 구원의 길이니…

한 사람이면 패하겠거니와 두 사람이면 맞설 수 있나니 세 겹
줄은 쉽게 끊어지지 아니하느니라. Ecclesiastes 4:12

118. 나의 시간

나의 태양을 가리지 말라.
태양 하나면 족하니
더 이상 무엇이
필요하겠는가?

너의 말에서 내려오라.
내 앞으로 나아오려면
너의 신발을
벗어야 한다.

나의 세상은
결코 정복되지 않는다.
지금까지 나의 세상은
정복된 적이 없다.

다만 조금 그 진리를
맛보는 것일 뿐.
그것만으로
감사해야 한다.

자리에 앉으면
계시가 내려오니

무엇이 더 나에게
필요하겠는가?

입을 열어
설법하지 않는다.
다만 나의 자리에서
조금의 노래를 부를 뿐.

더 이상 쌓지도 않고
더 이상 갖지도 않는다.
지금 여기에서
만족을 누린다.

이제 돌아갈 때가 되었다.
그때를 아는 것이
가장 지혜로운 자인 것이니
나의 시간을 나에게 달라.

걱정이 많으면 꿈이 생기고 말이 많으면 우매한 자의 소리가
나타나느니라. Ecclesiastes 5:3

119. 높은 자

그를 따라
하늘로 올라간다.
모든 것을
버려야 한다.

초월을 향해
한 순간의 경지를 이루어
세상에 스며들어야 한다.
그렇게 녹아져야 한다.

그 뜻을 이루기 위해
나에게 주어진 삶은
나 자신과
싸우는 삶이다.

욕망에 지지 않기 위해
저절로 멸망하지 않기 위해
지금 여기에서
하늘의 뜻을 이루는 것이다.

내 위에 하늘이
있음을 알아야 한다.

언제나 머리 위에
모자를 써야 한다.

오르지 않고
내려올 수 없고
낮아지지 않고
바라볼 수 없다.

자신을 알지 못하면
무엇을 줄 수 있겠는가?
던지는 것이 허무요
말하는 것이 헛되다.

오르는 자가
설 수 있고
이것을 아는 자가
따를 수 있으리니…

높은 자는 더 높은 자가 감찰하고 또 그들보다 더 높은 자들도
있음이니라. Ecclesiastes 5:8

120. 폐단

너의 소유를
자랑하지 말라.
너무 많은 소유는
너무 많은 재앙이니

가지면 가질수록
죄를 짓게 되고
버리면 버릴수록
가벼워지리라.

깨달음 없이는
입을 열지 말라.
텅 빈 사람이
높이 오르려 한다.

돈이란 것은
돌고 돌아야 하는 것.
돌지 않으면
돌아버리게 될 것이다.

세상이란 참 우스운 것이다.
탐욕이 가득한 자가

더 갖으려 하고
배신자가 민족을 논한다.

세치 혀로
영성을 논하며
교만한 자가
확신을 갖는다.

잔인한 자가
얻으려 하고
사악한 자가
가지려 한다.

밑 빠진 독이
구걸을 하고
뚜껑을 닫고
기도를 한다.

내가 해 아래에서 큰 폐단 되는 일이 있는 것을 보았나니 곧
소유주가 재물을 자기에게 해가 되도록 소유하는 것이라.
Ecclesiastes 5:13

121. 초상집

초상을 그리되
초상을 생각하라.
너의 초상은
또 다른 초상을 낳으리니

화려한 꿈속에서
고난은 잊혀지나
고난 없는 승리는 없고
시련이 올수록 단단해지리라.

결혼의 행진은
무덤의 시작이다.
희망이 죽으면 무덤은 닫혀지고
자신이 죽으면 무덤이 열리리라.

죽어야 살고
그때 하늘이 열리리니
너를 닫지 말고
너 자신을 열라.

일생을 열어도
모자란 세상.

무서워하지 말고
담대히 살아가라.

한 번 죽지
두 번 죽겠는가?
지루한 삶보다
용기가 나으리라.

나 거기에서
삶을 마치리니
날마다 죽는 자에게는
더 이상 죽음이 없다.

하늘의 문을 열라.
내가 거기에 들어가리라.
그와 하나가 되어
영생의 집을 지으리라.

지혜자의 마음은 초상집에 있으되 우매한 자의 마음은 혼인집
에 있느니라. Ecclesiastes 7:4

122. 병행

좋은 것도 없고
나쁜 것도 없다.
모두 그때 거기에
필요한 것일 뿐.

자기가 뿌린 것이면
자기가 거두어야 하고
자기가 뿌리지 않았다면
감사히 받으면 된다.

태양이 뜨거운 후에는
비가 내려야 하고
비가 내린 후에는
태양이 떠야 한다.

태양만 있으면
사막이 되고
비만 내리면
홍수가 된다.

기쁨도 없고
슬픔도 없는 것이니

마음으로 받으면 기쁨이 되고
슬픔이 지난 후에는 추억이 된다.

같이 가야 한다.
손을 잡아야 한다.
길을 걸어야 한다.
하늘에 올라야 한다.

너 없이 내가 없고
나 없이 네가 없으니
우리 하나가 되어
하늘을 열어야 한다.

해가 뜨면 길을 걷고
비가 내리면 자리에 앉으니
모든 것이 아늑하다.
일체가 사랑이다.

형통한 날에는 기뻐하고 곤고한 날에는 되돌아보라. 이 두 가지를 병행하게 하사 사람이 그의 장래 일을 능히 헤아려 알지 못하게 하셨느니라. Ecclesiastes 7:14

123. 시간과 기회

한 번뿐이다.
머뭇거릴 수 없다.
하늘이 문을 열고
손을 내미는 시간.

한 날뿐이다.
태양이 뜨고
바람이 불고
내가 걸어야 할 시간.

그 시간뿐이다.
경건히 기도를 드리고
겸손히 응답을 기다리면
언젠가 하늘이 열린다.

기회가 주어지면 일어서야 한다.
뒤를 돌아보지 않고
그를 따라야 한다.
나머지는 하늘에 맡긴다.

다 그렇게 예상대로 된다면
누가 새로운 꿈을 꾸겠는가?

걷고 달리다보면
역사가 일어난다.

그래서 우리는 이렇게
오늘을 살아가는 것이다.
전혀 다른 새날을 기다리며
하루를 시작하는 것이다.

묵묵히 주어진 길을 걷다보면
언젠가 하늘로 올라갈 것이다.
땅에서만 기어간다면
어떤 희망도 없을 것.

그래서 그들은 이렇게
자기의 무릎을 꿇으며
거룩한 생의 길을
순례하는 것이다.

빠른 경주자들이라고 선착하는 것이 아니며 용사들이라고 전
쟁에 승리하는 것이 아니며 지혜자들이라고 음식물을 얻는 것
도 아니며 명철자들이라고 재물을 얻는 것도 아니며 지식인들
이라고 은총을 입는 것도 아니니 이는 시기와 기회는 그들 모
두에게 임함이니라. Ecclesiastes 9:11

124. 함께 가자

이제 일어날
때가 되었다.
언제까지 자리에 앉아
기도만 드릴 수 없다.

한번밖에 없는
나의 삶을 살아야 한다.
그가 나에게 주신
그 삶을 살아야 한다.

나에게 주어진
그 길을 걸어야 한다.
아무도 걷지 않은 길을
내가 걸어야 한다.

이렇게 걷다보면
어느 날 하늘에 이르게 될 것이다.
하늘에 이르지 않아도 좋다.
그냥 걷기만 해도 은총이다.

그와 함께 길을 걸어
사랑에 들어간다.

사랑이 아니라면
삶이 무슨 의미인가?

끝까지 나의 길을 걸어
거룩의 경지로 들어간다.
그의 옆에 누워
영면에 들어간다.

날마다 새 노래를 부른다.
그의 손을 잡고
두 번 다시 오지 않을
하늘의 길을 걸어간다.

아무런 후회도 없고
어떤 여한도 없는
나에게만 주어지는
지고의 축복이다.

125. 죽음 같이

사랑으로 인해
우린 죽을 수 있다.
그 무엇도 우릴
가를 수 없다.

사랑해보지 않은 자는
해탈에 이르지 못한다.
그의 삶은
영원한 순환이다.

나는 거기에서
벗어나고 싶었다.
그를 따라 단번에
하늘에 오르고 싶었다.

언제까지 거기에서
머무를 수가 없었다.
나 자신을 불태워
역사를 일으키고 싶었다.

그렇게 해서
죽음에 이른다면

그것처럼 거룩한 삶이
어디에 있겠는가?

나는 그것을 위해
기도를 드렸다.
그것이 내 삶의
한 가지 목표였다.

내 영혼에 불이
타오르고 있었다.
꺼지지 않는 불만 보면
나는 희열을 느꼈다.

오늘도 사랑은
죽음 같이 찾아오고
나는 그 앞에 엎드려
끝나지 않는 노래를 부른다.

사랑은 죽음 같이 강하고 질투는 스올 같이 잔인하며 불길 같
이 일어나니 그 기세가 여호와의 불과 같으니라. Song of Songs
8:6

에필로그(Epilogue)

자리에 앉아
미소를 지으면
난 하늘로 들어가
계시를 받는다.

이것이 내가
시간을 깨우고
일어나 나의 자리에 앉는
한 가지 이유인 것이며

이것이 또한 내가
이 땅에서 살아가는
마지막 삶의
의미인 것이니

나를 막지 말라.
나를 가두지 말라.
나로 하여금 시간의 무덤을
지키게 하지 말라.

그 뜻을 생각하며
순례의 길을 걷게 하라.
하늘에서 내려오는 계시를
기다리게 하라.

계시가 없다면
생명도 없고
역사가 없다면
살아갈 힘도 없는 것.

길을 걸음이
역사가 되게 하고
숨을 내쉼이
혁명이 되게 하라.

날마다 기적이
일어나게 하라.
네가 죽고 너의 영성이 살아
너의 부활이 일상이 되게 하라.